LA CYBERSÉCURITÉ
AU-DELÀ
DE LA TECHNOLOGIE

Philippe Trouchaud

LA CYBERSÉCURITÉ AU-DELÀ DE LA TECHNOLOGIE

Comment mieux gérer ses risques pour mieux investir

Préface de Jean-Baptiste Rudelle

Odile Jacob

L'ensemble des droits d'auteur sera versé à l'Union professionnelle des travailleurs handicapés (UPITH), association loi 1901, reconnue d'intérêt général, qui représente et accompagne depuis 2008 les entrepreneurs en situation de handicap. Plus de 260 entrepreneurs handicapés dans la France entière font aujourd'hui partie de ce collectif.

15, rue Soufflot, 75005 Paris

www.odilejacob.fr

ISBN : 978-2-7381-3368-7

PRÉFACE

La confiance : condition de la cybersécurité

par Jean-Baptiste Rudelle

Lorsque j'ai été sollicité pour écrire la préface de cet ouvrage sur la cybersécurité, mon premier réflexe a été de dire non. Tout simplement parce que je ne me considère vraiment pas comme un expert du sujet. Comme probablement la plupart des chefs d'entreprise d'ailleurs.

Pourtant, en tant que dirigeant d'une entreprise Internet, c'est un sujet auquel nous sommes confrontés tous les jours. Pour la plupart des acteurs de notre écosystème, la cybersécurité touche en effet directement les opérations clés de l'entreprise. Nos clients e-marchands sont confrontés depuis toujours à la fraude sur les paiements. Dans le domaine de Criteo, qui est celui de la publicité numérique, la fraude existe aussi. Elle se manifeste le plus souvent sous la forme de clics fantômes sur des bannières de publicité qui ne correspondent à aucun internaute réel.

Chez Criteo, nous avons pris ce sujet très au sérieux dès le début. En analysant en temps réel le « taux de conversion » (les ventes réelles réalisées sur un site marchand qui suivent un clic sur une bannière de publicité), nous arrivons à détecter immédiatement les petits malins qui essaient de se faire payer pour des faux clics. Quand il y a un gain financier à la clé, même très faible, l'imagination des fraudeurs est sans limite et il faut toujours rester aux aguets. Lorsque vous travaillez comme nous avec des milliers de partenaires répartis sur une cinquantaine de pays dans le monde, cette surveillance nécessite des infrastructures techniques très sophistiquées. Cet investissement était pour nous stratégique, car il en allait de la crédibilité même de notre service vis-à-vis de nos clients.

De manière générale, la plupart des entreprises de notre secteur sont très vigilantes envers ce type de cybercriminalité qui touche l'essence même de leur business. Il en va souvent autrement pour les autres formes de cybersécurité qui sont en général traitées avec beaucoup moins d'attention, notamment par les petites start-up qui ont « d'autres chats à fouetter ».

Lorsqu'on démarre sa start-up à partir de zéro, les questions de cybersécurité arrivent très loin sur la liste des priorités. Pourquoi s'inquiéter d'une éventuelle intrusion malveillante si, de toute façon, le produit qu'on propose ne marche pas ? La priorité est le produit, et ensuite le démarrage commercial pour conquérir les premiers clients. C'est lorsque le succès commence à arriver et qu'on entre dans la fameuse phase d'hypercroissance – à laquelle toute start-up aspire – qu'on commence en général à se poser ce type de questions.

À ce titre, sans être trop obnubilé par la sécurité au démarrage du projet, cela ne fait pas de mal d'acquérir en amont un bagage minimal sur les concepts fondamentaux de la cybersécurité. Cela permet notamment, le moment venu, lorsqu'il devient indispensable d'installer de robustes infrastructures de sécurité, que la transition ne soit pas trop difficile. D'un point de vue à la fois humain et d'architecture technique.

C'est dix-huit mois avant notre IPO (*Initial Public Offering*, introduction en Bourse) sur le

Nasdaq que nous avons commencé chez Criteo à nous préoccuper sérieusement du sujet. Pour rentrer dans la cour des grands, il fallait absolument acquérir une démarche structurée sur le sujet. Nous avons démarré par des choses très simples comme une sécurisation accrue des mots de passe. Dans un second temps, nous sommes passés à des projets plus ambitieux. Il a fallu par exemple réglementer l'accès des employés à toutes les ressources critiques de l'entreprise (financières, techniques, commerciales). Au lieu de l'accès libre de tous à tout, chaque employé selon les besoins de ses missions n'avait plus accès qu'à des ressources spécifiques. Ce fut un énorme chantier qui nous a occupés plus d'un an et a mobilisé de précieuses ressources techniques. Il aurait été tentant de continuer à développer de nouveaux produits avec ces mêmes ressources. Mais nous avons compris que ce chantier était un préalable impératif à tout projet sérieux de cotation en Bourse, en particulier aux États-Unis où la réglementation sur la couverture des risques est particulièrement draconienne.

Maintenant que nous sommes une entreprise cotée au Nasdaq, la cybersécurité est devenue pour nous *de facto* un vrai sujet stratégique.

Au point que, il y a quelques mois, s'est tenue une réunion formelle du conseil d'administration spécialement sur ce sujet. Nous avons cartographié les types de risques possibles en les classant en fonction de deux axes : la probabilité d'occurrence et le niveau d'impact.

Cette analyse de probabilité est fondamentale pour bien évaluer les risques. Peu de gens vous attaquent juste pour le plaisir. Les scénarios à forte probabilité sont presque toujours liés à l'attrait d'un gain financier potentiel.

Nous avons bien sûr, en priorité, focalisé nos efforts sur les scénarios à fort impact et à forte probabilité. Pour les cas à faible probabilité, l'analyse économique des moyens de prévention devient déterminante. Si c'est facile à couvrir, autant le faire, mais, dans certains cas, il aurait fallu des investissements déraisonnables pour se prémunir des actions les plus tordues. Cela veut donc dire que nous avons acté le fait que nous ne pouvions pas, par définition, tout couvrir. Aussi, même si cela peut paraître frustrant à première vue, il faut accepter de vivre avec un minimum de risque. Autrement dit, le risque zéro n'existe pas. La clé est de trouver le juste équilibre entre moyens techniques et niveau de protection. Évidemment plus les enjeux financiers à la clé sont importants, plus le sujet prend de l'ampleur.

Les investissements technologiques ne peuvent pas tout non plus. C'est pourquoi le sujet de la cybersécurité est indissociable de celui de la confiance. Une grande partie des failles de sécurité sont en fait des failles humaines, voulues ou non. La formation et plus généralement la culture interne de l'entreprise jouent un rôle majeur dans la sécurisation des opérations.

On pourrait d'ailleurs étendre cette question de confiance à l'ensemble de l'écosystème Internet. En 2015, il reste encore des internautes qui ont toujours peur de se faire pirater leur carte bleue et ne veulent pas acheter en ligne. Autrement dit, un frein majeur au développement de l'e-commerce est un problème de confiance autour de la fraude sous toutes ses formes.

Cet exercice d'analyse des risques est sans doute plus facile à faire pour les entreprises du monde Internet. Disons qu'elles ont par nature une conscience plus aiguë des enjeux de la cybersécurité. Cela ne veut pas dire que les autres peuvent se permettre de faire l'impasse sur le sujet.

Le numérique est maintenant présent d'une manière ou d'une autre dans toutes les industries.

Désormais, toute entreprise est tenue d'appliquer un « minimum syndical » pour assurer sa cybersécurité, sous peine de commettre une vraie faute de gestion. Au-delà du socle fondamental que toutes les entreprises devraient posséder, la question touche à la sensibilité au risque de chaque société.

À chacun de mettre le curseur là où il le sent. Mais, pour faire cela, encore faut-il avoir conscience des enjeux. D'où l'intérêt d'un ouvrage comme celui-ci.

Bonne lecture.

Jean-Baptiste RUDELLE,
cofondateur et président-directeur général
de Criteo

Introduction

Un doigt presse le bouton « Enter » du clavier d'un ordinateur, les données partent dans des tuyaux, puis dans d'autres tuyaux et puis encore et toujours dans des tuyaux. Quelques instants plus tard, une centrale nucléaire chinoise s'embrase et explose. Cet accident nucléaire est une catastrophe. Elle a été provoquée par un hacker. Très vite la machine s'emballe et les meilleurs cyberexperts des différents services secrets internationaux travaillent de concert pour traquer les terroristes.

C'est la première scène du dernier film de Michael Mann intitulé *Hacker*. Dans ce film, le *hacking*, l'espionnage industriel grâce aux données, le piratage privé et étatique sont au cœur du propos. Signe des temps. Signe que la protection des données stratégiques des infrastructures et des systèmes industriels est un enjeu capital. Pas étonnant, tant les affaires WikiLeaks, Snowden et plus récemment Swiss Leaks ont démontré à quel point ces données peuvent être sensibles.

Pas étonnant lorsqu'on lit les déclarations des responsables de l'armée chinoise. « La cyberguerre est un nouveau mode de combat. Complètement invisible et silencieux. On l'utilise évidemment pendant les guerres physiques, mais aussi et surtout tous les jours en politique, en économie et même en science », révélait Ye Zheng dans le *Wall Street Journal* du 29 juillet 2015. Ainsi, la réalité est largement à la hauteur de la fiction.

Pas étonnant non plus quand l'actualité livre quasiment chaque jour son lot d'informations autour de la cybersécurité et sur la façon dont il faut lutter contre le piratage. Pour preuve, le gouvernement français vient de publier une liste de 218 entreprises stratégiques qui doivent à tout prix se protéger avec des moyens significatifs.

Les dispositifs actuels de sécurité sont le plus souvent des solutions technologiques puissantes : *firewalls*, systèmes d'alerte, etc. Nombreuses sont les entreprises qui très tôt ont opté pour un investissement technologique majeur afin d'assurer leur transformation digitale, et du même coup pour se protéger des risques induits par cette révolution digitale. Problème : la menace est toujours plus puissante et plus forte. La technologie serait-elle impuissante à maintenir – seule – la menace à un niveau acceptable ? C'est possible. Nous y reviendrons.

Évidemment, face à cette menace et aux risques qu'elle engendre, face aussi à des failles prétendument technologiques, le marché est enclin à proposer des dispositifs de plus en plus sophistiqués. Y compris pour se protéger des faiblesses de ces mêmes offreurs de solutions. Parfois même, dans ce cas, l'intérêt commercial n'est pas loin de prendre le dessus. La démarche des entreprises doit être sensiblement différente ou du moins complétée. En effet, la majorité des solutions envisagées pour traiter les questions de cybersécurité sont uniquement technologiques. Les entreprises se sont engagées sur une autoroute – celle de l'arsenal technologique – en oubliant les chemins de traverse et les routes nationales qui font l'ensemble d'un réseau routier dense et complet.

Loin de nous l'envie de clouer la technologie au pilori – au contraire elle est l'un des moteurs de l'innovation. Mais faire de la cybersécurité une question uniquement technologique, c'est oublier les risques liés à l'organisation et au facteur humain. La technologie seule est nécessaire, mais pas suffisante et elle laisse planer des risques.

Devant ces risques majeurs, doit-on stopper l'innovation ? Doit-on se recroqueviller pour se donner l'illusion que l'on est bien protégé ? Doit-on penser uniquement de manière défensive et considérer que ces risques sont une menace si terrible qu'il convient d'essayer de les réduire à néant ?

Évidemment, non. La réponse à chacune de ces questions est négative. Tout simplement parce que, au contraire, ces risques sont une opportunité de bien investir dans le digital. Une chance pour l'individu, pour l'entreprise, pour le chef d'entreprise, mais aussi plus largement pour la société tout entière.

Les risques sont une chance en ce sens qu'ils nous conduisent à changer de regard sur les données, la sécurité, sur ce qui est important pour nous en tant qu'individu, mais aussi sur l'entreprise.

Les risques sont une chance, en ce sens qu'ils peuvent nous permettre de nous réinventer. De réinventer nos façons de penser l'entreprise, ses actifs, ses données stratégiques, ses vulnérabilités, mais aussi son organisation.

Les risques sont une chance en ce sens qu'ils nous obligent à repenser notre comportement. Cela avec une antienne : sortir du marketing de la peur. Pour une simple raison : le risque zéro n'existe pas. Il y aura toujours des failles, c'est donc bien une appétence au risque qu'il faut développer.

Pour cela, une voie s'impose : celle de l'innovation dans l'humain et dans l'organisation. Innover pour ouvrir l'entreprise vers l'extérieur, innover pour créer des espaces digitaux collaboratifs, innover pour un changement des comportements de l'individu comme de l'entreprise, plutôt que de chercher à se barricader. Au lieu de construire des lignes Maginot numériques, il faut construire et identifier les zones à protéger pour laisser s'épanouir les autres.

Sortir du marketing de la peur implique également de changer le regard que l'on porte sur les données. Les données sont bel et bien le nouvel actif des entreprises.

C'est pourquoi elles doivent à la fois le protéger mais aussi, et surtout, le magnifier pour en faire le premier vecteur d'innovation. Pour cela, l'arsenal technologique qu'il faudra mettre à jour constamment ne suffit plus. En revanche, l'enjeu pour l'entreprise de demain est bel et bien de se réapproprier sa cybersécurité en se réappropriant son capital humain.

Se réapproprier le capital humain, voilà donc l'objectif. Objectif réaliste et nécessaire tant les récentes actualités autour de la cybersécurité démontrent qu'il s'agit bien d'une question de gestion des hommes plutôt que d'un problème technologique. L'affaire Snowden ou les fuites récentes dans différentes entreprises sont toutes venues des hommes. Soit parce qu'ils avaient des intentions malveillantes ou une volonté politique, soit parce que tout simplement ils n'avaient même pas conscience que l'information qu'ils possédaient était critique et confidentielle. Mieux, les incidents provoqués par les collaborateurs des entreprises ont augmenté de 10 % en 2015 par rapport à 2014, et représentent ainsi 35 % des incidents de sécurité déclarés, selon le baromètre publié chaque année par PwC. Plus d'un tiers des incidents viennent donc des collaborateurs et du management.

Se réapproprier son capital humain pour une entreprise implique donc de former ses collaborateurs à ce qu'est une menace, une vulnérabilité et une attaque, mais aussi repenser son organisation : du vertical au circulaire.

De fait, la sécurité est toujours un triptyque : de la technologie, de l'humain et enfin de l'organisation et des process. La réassurance que chacun s'est octroyée en investissant massivement dans la technologie a conduit à laisser de côté la formation et à négliger l'élaboration d'une organisation concrète en cas d'incident. Souvent, lors d'un incident, les entreprises s'aperçoivent *a posteriori* qu'elles disposaient au sein de leurs systèmes des informations permettant de déceler l'incident mais qu'elles ne les ont tout simplement pas exploitées. En revanche, ce qui est toujours mis en question, c'est de savoir comment détecter un incident et surtout comment y remédier.

En clair : la technologie nous alerte, mais ni l'humain ni l'organisation ne sont prêts à gérer le problème.

Il faut se réapproprier la dimension humaine de la chose, afin de consolider les deux autres piliers de la sécurité.

Cette intuition, cette conviction et ces recommandations ne sont pas issues de notre imagination, mais bien d'une exploration du terrain. Notre credo est simple : les réponses apportées actuellement aux questions de cybersécurité ne sont pas proportionnées et ne sont pas équilibrées. Pour paraphraser le général de Gaulle : « Il ne suffit pas de sauter sur sa chaise comme un cabri en criant “sécurité, sécurité” pour que celle-ci advienne. »

Sans dimension humaine et sans une organisation nouvelle, la cybersécurité restera toujours mise en question et challengée. Pis, de nouvelles attaques auront toujours lieu et les entreprises qui ont investi des millions dans des dispositifs ultrasophistiqués auront le sentiment amer d’avoir été mal conseillées.

Au fil de la réflexion dans cet ouvrage, nous tenterons de montrer pourquoi la technologie et les datas sont les deux évidences nouvelles des entreprises. Nous expliquerons également pourquoi ces deux évidences nécessitent d’être entourées par toute une organisation. Bien sûr, ces deux nouvelles évidences que sont la technologie et les datas impliquent des vulnérabilités, des attaques et des risques. Même si le risque zéro n’existe pas, il subsiste heureusement des solutions humaines et organisationnelles pour mieux appréhender et mieux changer la façon dont est gérée aujourd’hui la question de la cybersécurité.

En somme, alors que le numérique rebat toutes les cartes de tous les secteurs et que l’avènement, par exemple, du transhumanisme qui veut façonner les humains, comme dans le film *Bienvenue à*

Gattaca[1], en fonction de caractéristiques précises, notre propos ne se bornera pas à constater avec Albert Einstein le fait qu'il « est devenu évident que notre technologie a malheureusement dépassé notre humanité », il se confrontera, au contraire à la technologie. Jacques Ellul, philosophe français de la seconde moitié du XXe siècle, dans un ouvrage intitulé *Le Bluff technologique*[2], expliquait qu'il ne fallait pas refuser la technologie. Au contraire, poursuivait-il, la technologie est un fait, ni bon ni mauvais, elle est. Et d'ajouter : « La technique (au sens technologie, NDLR) est porteuse de changement à la seule condition de s'accompagner de changements structuraux dans la société et son organisation. » C'est donc véritablement de cela qu'il s'agit. Quels changements structuraux et d'organisation devons-nous envisager pour mieux appréhender cette technologie de cybersécurité et la rendre porteuse de changements positifs ?

Plus largement, se poser aujourd'hui la question de notre cybersécurité, de notre organisation pour la rendre plus efficiente, de l'investissement qu'il

1. *Bienvenue à Gattaca*, film de Andrew Niccol (1997), avec Ethan Hawke, Uma Thurman et Jude Law.

2. Jacques Ellul, *Le Bluff technologique*, Hachette, 1988 ; collection « Pluriel », 2012.

faut y consentir, induira forcément de nombreuses nouveautés dans nos entreprises. Mais cet engagement en faveur de la cybersécurité sera aussi, évidemment, une source de croissance pour l'économie en général.

Avec cet ouvrage, l'idée est simple : faire comprendre que la cybersécurité n'est pas seulement une question technologique, bien au contraire, et montrer qu'en s'y intéressant nous pouvons accompagner très positivement la mutation de nos entreprises.

Le moment est venu de se plonger dans ces questions. De comprendre les tenants et les aboutissants de la mise en place d'un dispositif de cybersécurité. C'est le rôle des managers d'une entreprise, mais c'est aussi, bien sûr, le rôle des dirigeants. En termes de cybersécurité, le temps est venu de sortir de la mauvaise tactique pour aller vers la bonne stratégie, à savoir le pilotage assumé des risques. Comme la politique de ressources humaines, la politique commerciale, la politique financière, ou encore la politique de communication, la cybersécurité ne peut plus souffrir d'un manque de stratégie.

« L'essence de la stratégie est le choix d'accomplir ses activités d'une manière différente de celle de ses concurrents », aime rappeler Michael Porter, économiste américain, spécialiste de l'entreprise et de son organisation, enseignant à Harvard. Autrement dit, s'occuper de cybersécurité aujourd'hui, l'organiser, la penser comme l'une des facettes de la stratégie d'entreprise, c'est en faire la pierre angulaire de la transformation digitale. N'ayons pas peur des mots, s'occuper en profondeur de cybersécurité pour un dirigeant ou pour une entreprise, c'est clairement prendre un temps d'avance ou du moins éviter d'avoir un temps de retard.

Prendre un temps d'avance pour ne pas faire partie de l'élite déconnectée. Ces dirigeants qui, faute d'avoir totalement appréhendé le monde nouveau, les implications du numérique dans leurs marchés et dans nos vies en général, ne sont pas à même de fixer le cap pour les quinze prochaines années. Cette « déconnexion des élites[3] » et ce manque d'appétence pour ce qui fera le monde de demain ont été décrits avec acuité par la journaliste Laure Belot dans son livre éponyme. On peut notamment y lire la chose suivante : « Ordinateur ou smartphone en main, les citoyens s'informent, s'expriment, achètent, se financent en court-circuitant les

3. Laure Belot, *La Déconnexion des élites. Comment Internet bouscule l'ordre établi*, Les Arènes, 2015.

intermédiaires classiques. Des secteurs économiques entiers sont bousculés. Cette accélération du monde laisse sur le bord de la route une élite dépassée : des énarques, des intellectuels, des politiques, des chercheurs, des banquiers, des chefs d'entreprise ne saisissent pas les nouveaux usages qui sont en train de balayer les habitudes et les normes. Internet a contrecarré l'ordre établi. Le pouvoir change de main. »

Voilà donc l'état des lieux. Certains s'interrogent peut-être sur le rapport de ce constat avec la question spécifique de la cybersécurité. Et si refuser de repenser sa cybersécurité était une forme de déconnexion ? Et si refuser de comprendre et de placer cette question au cœur de ses priorités était synonyme d'une entreprise en retard sur son temps ?

Notre propos, tout au long de ce livre, a un seul objectif : vous aider à prendre un temps d'avance.

PREMIÈRE PARTIE

Technologie et données : les deux évidences nouvelles des entreprises

CHAPITRE 1

Investir dans la technologie est une évidence

> « Les choses les plus utiles sont les choses les plus évidentes ».
>
> Philip ROTH, romancier.

« There's a Uber for everything[1] » : c'est le titre d'un article récent du *Wall Street Journal.* Dans ce papier, le journaliste met en lumière la façon dont Uber et sa logique de souplesse et de facilité d'accès pour l'utilisateur sont en passe de gagner l'ensemble des secteurs de l'économie.

---

1. Geoffrey A. Fowler, « There's an Uber for everything now », *The Wall Street Journal,* 5 mai 2015 (http://www.wsj.com/articles/theres-an-uber-for-everything-now-1430845789).

L'« ubérisation » guette tout le monde

« Ubérisation ». Ce néologisme inventé par Maurice Lévy – P-DG de Publicis – en décembre 2014 dans une phrase célèbre : « Tout le monde commence à avoir peur de se faire ubériser », dit beaucoup de la peur qui étreint l'ensemble des acteurs économiques. C'est désormais un fait, la révolution digitale affecte tous les secteurs d'activité, jusqu'aux industries les plus lourdes. En résumé, les entreprises de la « vieille » économie redoutent toutes l'irruption d'un nouvel acteur qui utiliserait le digital pour se positionner entre elles et leurs clients.

Une peur logique. En effet, les nouveaux entrants, les *pure players*, viennent rebattre les cartes des différents marchés. Leur atout : leur maîtrise de la technologie et leur capacité à construire leur modèle non pas en réaction à l'outil technologique, mais bel et bien à partir de lui. En vrac, outre Uber, il est aisé de citer des noms dans tous les secteurs de l'économie : Amazon, BlaBlaCar, Airbnb, EasyJet ou encore Free. Et le mouvement n'est pas achevé.

Après la musique, le commerce et le tourisme, ce sont les énergéticiens, les assureurs, les banques, ou même les fabricants de pneus qui vont faire face, de gré ou de force, au grand bouillonnement du numérique. À l'évidence, le numérique offre des capacités d'exploration inédites dont les vitesses d'évolution dépassent largement celles des domaines qu'il perturbe. Cette première vague passée, une autre viendra : celle de l'« ubérisation » d'Uber. La boucle sera ainsi bouclée. Et le mouvement se poursuivra. Cette nouvelle logique de disruption est désormais à prendre en compte dans l'ensemble des stratégies de business.

En attendant, les entreprises du numérique en inventant une nouvelle expérience client gagnent très rapidement des parts de marché conséquentes. Pour ces entreprises, plus l'usage client s'installe, meilleur est le service. Le cercle vertueux s'enclenche. Les gros grossissent jusqu'à se reconcentrer les uns avec les autres, tandis que ceux qui ont oublié de prendre le train digital parce qu'ils ne comprennent pas les nouveaux usages disparaissent ou au mieux perdent leurs marges et leur relation avec le client final.

La suite, c'est quoi ? Que se passera-t-il quand Tesla sortira sa pile révolutionnaire ou sa batterie électrique personnelle ? Déjà, les Accor, SNCF ou autres sont mis en difficulté. Et cette tendance ne fait que débuter. Certains, comme l'économiste

Jeremy Rifkin dans son livre *La Nouvelle Société du coût marginal zéro*[2], prévoient même la fin du capitalisme, remplacé par l'économie du partage ou collaborative. « Un nouveau système économique basé sur le partage et la collaboration est en train d'émerger avec la conjonction de deux bouleversements majeurs : dans la communication d'une part, avec la généralisation progressive d'Internet aux objets, dans l'énergie d'autre part, avec l'arrivée de nouvelles sources d'énergie illimitées et quasi gratuites. Comme lors des précédentes révolutions industrielles, le déploiement à très grande échelle d'une nouvelle matrice communication-énergie change radicalement la donne et transforme de fond en comble l'économie telle que nous la connaissons », écrit notamment Rifkin.

S'inscrire dans la troisième révolution industrielle

Sans aller jusque-là, on voit bien aujourd'hui à quel point la maîtrise de la technologie est devenue vitale pour toutes les entreprises.

2. Jeremy Rifkin, *La Nouvelle Société du coût marginal zéro. L'Internet des objets, l'émergence des communaux collaboratifs et l'éclipse du capitalisme*, Les liens qui libèrent, 2014.

Vitale puisque nous traversons actuellement l'équivalent de la troisième révolution industrielle.

Cette déflagration digitale est d'une ampleur aussi importante que le fut l'avènement du chemin de fer avec l'exploitation du charbon et l'industrialisation de l'imprimerie. De même ampleur que la généralisation de l'énergie électrique. La troisième révolution industrielle que nous vivons actuellement est celle des réseaux. De la conjonction de l'exploitation d'énergies renouvelables et du développement des communications en réseaux décentralisés. « La troisième révolution industrielle sera le fruit d'une synergie entre les énergies renouvelables et les technologies Internet qui modifiera les modes de distribution de l'énergie au XXIe siècle. Dans l'ère à venir, des centaines de millions de personnes produiront leur propre énergie, à la maison ou au bureau, et se la distribueront *via* un système d'Internet de l'énergie[3] », Rifkin encore.

Loin de la cybersécurité ? Certainement pas. Ne pas prendre conscience de l'ampleur de la vague nouvelle est signe d'un manque d'anticipation. Tout cela signifie que, sans investissement majeur dans la technologie, la dématérialisation et la compréhension

3. *Ibid.*

profonde des nouveaux usages, les entreprises historiques disparaîtront. Impossible ? Peut-être... Mais comment analyser alors le fait que, aux États-Unis, 63 des 100 premières entreprises ont moins de 30 ans ? En France : il n'y en a, pour le moment, qu'une seule : Gemalto. Signe qu'il n'est peut-être pas encore trop tard pour les sociétés françaises si elles prennent conscience qu'il faut désormais un investissement massif et fort dans la technologie. Récemment, fin 2014, Neelie Kroes, vice-présidente de la Commission européenne en charge du numérique a déclaré : « Dans notre monde, l'absence de compétences numériques est une forme nouvelle d'illettrisme. » On ne peut qu'abonder dans son sens et même aller plus loin en la paraphrasant pour affirmer qu'à l'heure actuelle, une entreprise qui n'investirait pas dans les technologies digitales est une entreprise qui se condamne à être muette et illettrée. Alors qu'auparavant, toutes les entreprises voulaient faire des opérations de croissance externe, elles ont désormais plusieurs nouveaux enjeux. Dans la « CEO Survey » de PwC, ils sont 82 % à dire que leur priorité est l'investissement technologique. Les temps ont donc bien changé. Finie l'envie de dévorer le concurrent, bonjour la volonté de se moderniser numériquement. Aussi, les acteurs historiques doivent investir dans la technologie pour améliorer l'expérience client, mettre à disposition des clients, des collaborateurs, des fournisseurs ou des partenaires des environnements collaboratifs sécurisés et *user friendly*, améliorer la logistique et, enfin, se soucier fortement de l'expérience employée.

En effet, les collaborateurs comparent avec acuité les possibilités technologiques offertes par l'entreprise avec celles qu'ils connaissent dans leur environnement personnel. Ils attendent de l'entreprise un service similaire.

Ces enjeux cruciaux et vitaux sont forcément générateurs de risques nouveaux. La technologie, l'investissement dans celle-ci pour rester dans la compétition avec les *pure players* engendrent une nouvelle forme de vulnérabilité contre laquelle il faut se prémunir : en investissant dans des systèmes technologiques nouveaux de protection, mais, aussi et surtout (nous y reviendrons), en réinvestissant la dimension humaine de la gestion des risques. Schizophrénie ?

Certainement pas. Il n'y a pas de contradiction dans ces deux postulats. Les acteurs économiques doivent réduire leur *time to market*, *via* la technologie notamment. Or, aujourd'hui, nous achetons des technologies qui ne sont pas totalement matures avec des cycles de développement qui sont beaucoup plus courts que par le passé. Cela, tout le monde reconnaîtra que c'est un bienfait car on est plus efficace et plus agile. Le problème est que cet en avant technologique inclut des vulnérabilités dans les différents systèmes.

C'est ce que l'on pourrait appeler le paradoxe technologique. C'est-à-dire que, selon une croyance répandue, beaucoup de monde a pensé qu'Internet et le digital, par leur caractère immatériel et l'absence d'intervention humaine, étaient un gage majeur de fiabilité : c'est faux.

Bienvenue dans le paradoxe technologique

Ce paradoxe technologique, il faut le nommer, tenter de l'appréhender pour enfin sortir de la peur de la nouveauté et du risque. C'est la prévention, la régulation, et l'anticipation de ce risque que l'on va appeler cybersécurité. C'est ce risque que l'on a tenté de circonscrire jusqu'ici avec des lignes Maginot technologiques toujours plus puissantes. En vain. Ce qu'il faut désormais, c'est accepter le risque et développer une appétence au risque.

Le paradoxe technologique est là. Patent. Alors que la technologie est profondément nécessaire, elle crée des risques importants. Résultat : les entreprises se sont munies d'arsenaux technologiques pour circonscrire les dangers. Ils ne sont pas forcément efficaces. C'est un souci. Mais c'est aussi une chance. Réelle. Une chance pour se réinventer, une chance pour réorganiser nos entreprises pour les adapter aux nouveaux usages. Cette acceptation du risque va même permettre de remporter de nouvelles victoires, éclatantes.

Pour illustrer ces principes, prenons une image et souvenons-nous de la pole position mythique signée par Ayrton Senna en 1988 lors des qualifications du grand prix de Monaco. Il réalise ce jour-là, le meilleur temps de l'histoire sur un tour à Monaco. Il roule vite, très vite. Prend tous les virages au-delà de la limite, etc. Une fois franchie la ligne d'arrivée, il sort de sa formule 1 et il pleure. Les journalistes l'interrogent sur les raisons de ses larmes. « J'étais déjà en pole position, d'abord d'une demi-seconde puis d'une seconde et je continuais à accélérer, raconte Senna. Soudain, j'étais deux secondes devant tout le monde, dont mon équipier. J'ai réalisé que je ne pilotais plus de manière consciente : j'étais entré dans une autre dimension.

Le circuit était devenu un tunnel dans lequel je m'engouffrais, encore et encore, toujours plus loin. Je me suis aperçu que j'allais au-delà de toute perception consciente. J'étais en train d'accélérer encore et encore et encore. J'étais au-delà de la limite mais toujours capable de la repousser[4]. »

Réflexion imagée qui nous donne une clé : ceux qui gèrent le mieux le risque et acceptent de se faire peur sont ceux qui, au final, gagnent. Les pilotes de chasse comme les pilotes de F1 utilisent à la perfection les deux parties de leur cerveau. Ils gèrent le risque immédiat de manière quasiment automatique, réactive et émotionnelle, et ils arrivent à réfléchir en se projetant dans la suite du circuit et avoir ainsi quatre virages d'avance en tête. Voilà ce qui fait la différence. Cette digression sportive enseigne deux choses en cybersécurité : un premier rempart doté de bonnes technologies va permettre de gérer de manière quasi automatique les risques classiques, mais il doit nécessairement être couplé à une vision plus globale et plus stratégique pour être réellement efficace. De la technologie et de l'humain en somme.

---

4. Interview d'Ayrton Senna dans *L'Équipe*, 14 mai 1988.

CHAPITRE 2

De nouveaux actifs : les données

« Les données sont le nouvel or noir. »

David McCandless, journaliste.

Eau, air, pétrole, données. Cherchez l'intrus ? Pas si sûr. Si le propos n'est pas d'insinuer que les données sont aussi précieuses que l'eau ou l'air, il est clair qu'elles sont aussi cruciales et stratégiques dans ce xxie siècle que le pétrole durant le xxe. Sans données, pas de business. Sans données, pas de possibilités de s'insérer pleinement dans l'économie du futur.

Des données à foison

Quelques chiffres donnent la mesure. Aujourd'hui, l'humanité produit plus de données qu'elle n'a pu le faire pendant des millions d'années. D'ici dix ans, selon les différents experts, cette masse vertigineuse de « datas » sera 50 fois supérieure à ce qu'elle est aujourd'hui. Mieux encore, demain, il faudra 10 fois plus de serveurs informatiques pour gérer les données et pour être en mesure de retrouver, d'extraire et d'exploiter ce nouvel « or noir ». Enfin, voilà vingt ans, nous stockions nos fichiers sur des disques durs de quelques mégaoctets (1 Mo équivaut à 1 000 000 d'octets) quand aujourd'hui la capacité des outils de stockage a dépassé le téraoctet, soit 1 000 milliards d'octets ! Bref, sans données sécurisées, point de salut. Ces données, ce sont évidemment les datas que les clients laissent volontairement ou involontairement à l'entreprise. Mais ce sont aussi les datas stratégiques de la société en question (Asset sur la stratégie d'entreprise ou sa recherche-développement, ou enfin éléments clés sur les partenaires, les fournisseurs ou encore les employés). Ces datas-là, aussi, valent de l'or.

Ces données personnelles des clients sont aussi des biens communs et confidentiels. Au nom de la sécurité, doit-on laisser les États avoir accès à toutes nos conversations téléphoniques ? Au nom du business doit-on laisser les GAFA (Google Apple Facebook et Amazon) et les NATU (Netflix, Airbnb, Tesla et Uber) faire commerce de nos habitudes de vie, voire de notre santé ? Questions ô combien importantes qui montrent à quel point la gestion de la donnée et de sa confidentialité sont des points de différenciation entre les entreprises. Demain sûrement, celles qui seront identifiées comme « bonnes gestionnaires » de données seront considérées par l'opinion comme vertueuses. Les autres en revanche seront montrées du doigt. Cassant ainsi le cycle de confiance nécessaire entre un citoyen et une entreprise et entre les entreprises elles-mêmes.

Dans son ouvrage *Petite Poucette*, le philosophe Michel Serres[1] explique très bien comment les données sont devenues le nouvel or noir. Comment

1. Michel Serres, *Petite Poucette*, Le Pommier, « Manifestes », 2012. Et entretien du 23 mars 2015, dans *Le Figaro* sur les données. « La question est de savoir qui sera le dépositaire de nos données » (http://www.lefigaro.fr/secteur/high-tech/2015/03/13/32001-20150313ARTFIG00159-michel-serres-la-question-est-de-savoir-qui-sera-le-depositaire-de-nos-donnees.php).

elles sont cruciales dans nos vies, toute la question, désormais, étant de savoir « qui sera le dépositaire de nos données ». En réponse à cette question, Serres d'imaginer : « De même que les notaires sont en grande partie les dépositaires de mes secrets, de mon testament, de mon contrat de mariage, parfois de mon argent, il nous faudrait inventer des "dataires", des notaires des données. Elles ne seraient confiées ni à un État, ni à Google, ni à Facebook, mais à un nuage de dépositaires. Et ce serait au passage une nouvelle manière d'exister pour le notariat. »

Bienvenue dans le paradoxe de la donnée

Peu importe que l'on soit d'accord ou non avec cette vision un brin utopiste de la gestion des données. Cette assertion donne le *la* concernant leur importance, l'actif qu'elles constituent aujourd'hui pour les entreprises. Problème : il existe là aussi, comme sur l'aspect technologique ce que l'on pourrait appeler le « paradoxe de la donnée ».

Si l'on écoute tous les P-DG d'entreprise, ils sont quasi unanimes à considérer que les données sont désormais leur premier actif. Mais personne ne sait vraiment où elles se trouvent, ni comment les exploiter. Pis encore, personne n'est réellement en charge de manière globale de leur management et surtout de leur mise en valeur.

Lorsque l'on possède des immeubles, on s'arrange pour les gérer et nommer une personne qui sera le garant de leur bonne gestion. Étonnant que l'actif surpuissant que constitue la donnée soit aujourd'hui géré par silos, sans que personne n'en ait une vision globale. Dans beaucoup d'entreprises, il n'y a pas d'*ownership* des données. Le sujet n'est pas traité de manière mature. On sait rarement gérer le cycle de vie des données. Or faire vivre les données, c'est aussi dynamiser son business, c'est rendre sa société plus vivable pour les collaborateurs.

Bref, gérer les données est un gain de temps, d'efficacité et, surtout, un gain de confiance. C'est bien parce que l'utilisateur a confiance en la SNCF qu'il accepte de payer son billet en ligne et surtout de laisser l'historique de ses voyages (fussent-ils secrets) sur le site de la SNCF.

La confiance. Voilà la clé. Confiance dans l'utilisation que l'entreprise fera de nos données. Même avec cette confiance, il faut être prudent si l'on en croit Barack Obama qui, en 2009 face à des étudiants en sciences politiques à l'Université de Virginie, déclarait de manière sibylline : « Mon premier conseil, si vous voulez faire de la politique, mais pas seulement, soyez prudents par rapport à ce que vous partagez sur Facebook car avec le "YouTube Age", quoi que vous fassiez, cela ressortira, plus tard durant votre vie[2]. » Signe que la gestion des données est une chose importante et que même si l'on a confiance en Facebook, on sait que, peut-être, cette donnée (une photo, un statut, etc.) pourra être un jour utilisée pour nous nuire.

Ici, les conséquences sont à peu près gérables et il s'agit surtout de bon sens. Mais l'utilisateur doit être certain que l'entreprise à qui il confie une large part de sa vie ne va pas en détourner l'utilisation. Aussi, le paradoxe de la donnée peut s'illustrer par un exemple : celui de la géolocalisation. Si demain une puce géolocalisée intégrée dans le manteau de votre enfant de 5 ans vous permet de le retrouver dans la foule de Disneyland un samedi, alors la donnée et la technologie apparaissent comme un bienfait. En revanche, si la même technique de géolocalisation permet à un employeur de surveiller son livreur et de le licencier parce qu'il s'est arrêté

2. Vidéo d'Associated Press publiée sur YouTube (https://www.youtube.com/watch?v=Awwp9BFfAY8).

pour faire une longue pause, la technologie et la donnée deviennent plus problématiques.

Ce paradoxe entre bienfait et méfait explique en grande partie les difficultés des entreprises pour qualifier et gérer les données qu'elles possèdent. En effet, la nouveauté de cet actif est qu'il est à la fois très tangible et en même temps totalement immatériel.

Répondre à cet enjeu doit devenir l'une des priorités des entreprises d'aujourd'hui. Sans gestion de celle-ci, point de salut. *Idem* pour les universités et les grandes écoles. Il existe peu de formations de haut niveau pour créer les spécialistes de demain, tant au niveau de la valorisation que de la protection des données. Dans un rapport d'information publié en juillet 2012[3] par le Sénat, déjà ce constat du manque de formation était pointé. « Il existe en France peu d'ingénieurs spécialisés dans la protection des systèmes d'information et les administrations ainsi que les entreprises rencontrent des difficultés pour en recruter. D'après les informations recueillies par votre rapporteur, il y aurait dans ce domaine 4 à 5 fois plus d'offres

3. Le rapport sénatorial de Jean-Marie Bockel est disponible dans son intégralité ici : http://www.senat.fr/rap/r11-681/r11-6811.pdf

d'emploi disponibles, dans les administrations ou les entreprises, que d'ingénieurs spécialement formés à la sécurité informatique sortant des écoles d'ingénieurs. Il apparaît donc indispensable d'encourager les écoles d'ingénieurs à développer des formations en matière de sécurité des systèmes d'information. Plus généralement, la protection des systèmes d'information devrait être une étape obligée dans le cursus de l'ensemble des formations d'ingénieurs ou d'informatique, avec un module spécifique. » Difficile de faire plus clair.

Et le Sénat de préciser encore un peu plus. « Il semblerait utile d'inclure une sensibilisation obligatoire dans les écoles formant les cadres de l'administration (comme l'ENA) et de proposer une telle sensibilisation aux formations de management destinées aux entreprises », peut-on encore lire dans ce rapport qui en profitait également pour appeler à une harmonisation des filières de recherche en cyberstratégie, qui, si elles existent, sont complètement éparpillées.

C'est peu dire que nous souscrivons pleinement aux conclusions sénatoriales. Si les formations et les écoles d'ingénieurs se sont depuis 2012 adaptées, le chemin est encore long pour satisfaire la demande toujours plus grande des administrations et des entreprises. Dans un article publié récemment dans *Le Monde* (16 juin 2015), Charles Preux directeur de la formation cyberdéfense à l'École nationale supérieure d'ingénieurs de Bretagne sud (Ensibs) reconnaissait une lacune : « Nous formons 25 à 30 ingénieurs par an en cyberdéfense. Mais les entreprises auraient besoin de centaines d'étudiants[4]. »

Et clairement, c'est plus qu'une voie d'avenir pour les entreprises et les étudiants.

À l'heure actuelle, il manque deux types de profils tant dans les entreprises que dans les cursus universitaires. Des *datas scientists* qui seront capables d'avoir une vision d'ensemble des données d'une entreprise, de savoir lesquelles sont réellement stratégiques et surtout de les mettre en valeur pour les expliquer clairement à leurs P-DG afin que ces derniers – qui eux aussi devront avoir été sensibilisés à la question durant leur parcours universitaire – puissent prendre les bonnes décisions. En résumé, le *data scientist* sera celui qui gérera la donnée : il

4. Angèle Guicharnaud, « Entreprise cherche (jeunes diplômés) hackers désespérément », *Le Monde*, 13 juin 2015 (http://www.lemonde.fr/etudes-superieures/article/2015/06/13/entreprise-recherche-jeunes-diplomes-hackers-desesperement_4653663_4468191.html).

connaît les algorithmes, les statistiques et surtout peut exploiter la donnée pour l'enrichir et lui donner une valeur. C'est le premier profil. L'autre est un profil plus classique d'ingénieur sécurité qui doit connaître à la perfection les mécanismes d'attaque et de protection.

Dans le futur, il y aura même besoin d'un profil hybride pour réellement surveiller les données. Celui-ci devra être doté de la double compétence pour appliquer aux données de sécurité elles-mêmes les nouveaux outils d'analyse et ainsi mettre en place une surveillance pointue.

En effet, il faut pouvoir allier la surveillance et la riposte dans le même *continuum*. L'idéal serait d'avoir un cursus où l'ingénieur sécurité pourrait choisir ensuite de se spécialiser dans l'analyse des données de sécurité grâce aux nouvelles technologies et aux avancées de l'algorithmie.

Ce profil hybride est certainement l'une des voies d'avenir pour la gestion de ce nouvel or noir. Données clients, données stratégiques de l'entreprise, mais aussi évidemment données issues de l'analyse des incidents.

Quatre règles de bonne gestion d'une donnée

S'il n'existe pas de recettes miracles pour bien gérer les données, il est toutefois possible de dresser quatre règles de base qui font que leur gestion sera plutôt bien assurée :

1. Toutes les informations d'une entreprise sont restreintes, mais toutes ne sont pas hautement confidentielles. Seules quelques-unes des données d'une entreprise sont réellement confidentielles (données d'acquisition, emplacement d'une boutique, modèle de valorisation, éléments spécifiques de propriété intellectuelle, données de paiement, etc.). Reste à bien savoir les identifier et à garder en tête que cela est très spécifique d'une entreprise à l'autre.
2. Un dirigeant de l'entreprise doit absolument porter la responsabilité de la sécurité de l'information.
3. Ne pas confier une information confidentielle à un tiers partenaire sans vérifier que ce tiers est dûment habilité à la posséder et dispose d'un niveau de sécurité adéquat.

4. Admettre que la donnée a un cycle de vie. La donnée se crée, elle vit et à un moment elle doit disparaître. Cela ne sert à rien de tout conserver et cela expose à beaucoup de risques. Il faut gérer le cycle de vie de sa donnée depuis sa création jusqu'à son effacement.

DEUXIÈME PARTIE

Des attaquants, des risques et des vulnérabilités

CHAPITRE 3

Que cherchent les attaquants et qui sont-ils ?

« On n'attaque pas seulement pour faire du mal à quelqu'un mais peut-être aussi pour le seul plaisir de prendre conscience de sa force. »

Friedrich NIETZSCHE, philosophe.

Piratage de TV5 Monde, fuite des câbles de WikiLeaks, scandale de la NSA, piratage des fichiers d'Orange. Autant d'événements qui font partie de ce que l'on peut appeler le « cyberterrorisme », en ce sens qu'ils ont tous à des degrés divers une volonté de déstabiliser l'institution piratée ou à tout le moins de démontrer des failles de sécurité. Pourtant, ces attaques tant dans leur forme que dans leur nature sont complètement différentes, voire diamétralement opposées.

Digression par l'actualité qui montre à quel point les profils des attaques et surtout les profils des attaquants peuvent être variés.

D'autant plus variés et divers que par essence la menace d'attaque est aujourd'hui asymétrique. Même une entreprise qui investit de manière colossale dans la cybersécurité et qui est plutôt bien protégée peut être attaquée et surtout pillée par une personne, avec un simple ordinateur, n'importe où dans le monde. Souvent, l'erreur en matière de cybersécurité est de la comparer inconsciemment à la sécurité physique où un arsenal de défense peut effectivement être une protection efficace.

À cette asymétrie vient s'ajouter un autre facteur qui rend tout un chacun plus vulnérable. Les techniques de base de l'ensemble des attaques possibles sont accessibles grâce à des tutoriels sur Internet. Cela ne veut pas dire qu'il ne faut aucune compétence pour orchestrer une attaque. Bien au contraire, il faut être rusé et techniquement pointu pour savoir mettre en œuvre les différents scénarios au sein de l'environnement nécessairement spécifique de la cible. Cela signifie simplement que l'attaquant peut se perfectionner, s'améliorer et réviser les techniques de base grâce à une simple recherche sur Google. C'est dire à quel point l'asymétrie est profonde, réelle et dangereuse.

Enfin, avant de se plonger dans l'auscultation des profils d'attaquants, il faut avoir en tête que ces derniers capitalisent très vite sur la connaissance des modalités d'exploitation des vulnérabilités. Les communautés d'attaquants échangent à une vitesse éclair les informations sur les failles de tel ou tel système de tel ou tel logiciel ou de tel ou tel pare-feu. Bien plus vite que l'entreprise, qui souvent oublie de capitaliser sur la connaissance disponible publiquement ou issue d'un incident.

Ces trois éléments président à toutes les attaques. Si les agresseurs cherchent évidemment quelque chose de précis, ils ont des profils très variés. Avant de se demander ce qu'ils recherchent, peut-être est-il utile de s'intéresser à ce qu'ils sont.

Se pencher sur les profils d'attaquants permet en effet de casser une première idée reçue qui veut que les menaces, et donc les attaques, viennent souvent de l'extérieur. Si l'on se réfère aux différentes études, 30 % des incidents viennent des collaborateurs de la société. Aussi, ces « attaquants » ne sont-ils peut-être pas dans la volonté de nuire, mais bel et bien dans un manque de formation et d'information concernant les questions de cybersécurité.

Des menaces internes

En effet, ces « attaquants » internes ne sont pas véritablement des attaquants. Ils sont parfois, mais pas toujours, dans l'optique de nuire gravement à leur entreprise. Les menaces internes peuvent se classer en trois grandes catégories.

Imaginons le cas d'un employé qui égare son PC professionnel non crypté, ou une clé USB avec des informations importantes, ou encore qui oublie un dossier ultrastratégique dans un train. C'est une erreur professionnelle, il n'y a pas d'intention de nuire, et pourtant cela peut engendrer des risques importants. Tout comme cet administrateur système qui est d'astreinte depuis chez lui et qui pour ne pas oublier ses mots de passe et les avoir à son domicile les met sur son mur public Facebook en pensant les ranger dans une page privée.

Même chose pour cette employée d'une grande entreprise de téléphonie qui envoie par e-mail des données ultraconfidentielles à un prestataire sans aucun dispositif de sécurisation. Elle n'est pas fautive, personne ne lui a dit que les données en question étaient confidentielles, et aucun système d'alerte automatisé ne s'est déclenché au moment où elle transmettait son message. Pis, dans le cas présent, la faille de sécurité n'était pas directement imputable à l'entreprise de l'employée mais effectivement à un prestataire externe.

Quoi qu'il en soit, cette erreur engendre de la méfiance envers la marque, et nuit au climat de confiance nécessaire pour que le client accepte de transmettre des données à une entreprise. Comment lutter contre ces semi-attaques ? En faisant de la formation. En apprenant aux employés ce que sont les données.

La deuxième catégorie des attaques internes sont celles d'un employé malveillant. Ce dernier a compris que les données ont une valeur, qu'il pouvait avoir un accès illicite à des moyens de paiement et, surtout, il a une motivation et une seule : l'enrichissement grâce à la revente des données volées. Dans la famille des attaques internes, c'est ce cas de figure qui est le plus développé.

Troisième catégorie qui découle indirectement de la seconde, c'est l'employé vengeur. Ce nouveau type d'attaquant s'est beaucoup développé depuis la crise de 2008. Ce salarié vengeur n'a pas de motivation financière, il veut juste se faire justice lui-même et *a fortiori* parfois dénoncer des pratiques illicites. Trois catégories de menaces internes auxquelles viennent s'ajouter au moins trois catégories de menaces externes, autrement plus dangereuses.

Des menaces externes

Le canal historique des attaquants venus de l'extérieur est évidemment constitué des hackers. Ils ont une seule motivation : celle de remporter un trophée symbolique dans leur communauté en se vantant d'être parvenus à pénétrer un système informatique pourtant réputé inviolable. Les exemples sont légion. Ce hacker qui pénètre le Pentagone, celui qui se vante d'avoir pu prendre le contrôle d'un avion à distance alors que l'appareil était en vol, etc. Aussi étonnant que cela puisse paraître, ces hackers ne sont pas forcément malveillants. C'est notamment le cas de ces deux hackers qui ont piraté le système embarqué de pilotage d'un prototype de voiture connectée de Jeep[1]. Ils ont fait appel à

1. Pierre Alonso, « Jeep Cherokee hackée : pourquoi c'est une bonne nouvelle », *Libération*, 27 juillet 2015 (http://www.liberation.fr/economie/2015/07/27/fiat-chrysler-peut-

un journaliste du magazine *Wired* pour démontrer qu'il y avait une faille dans le système. Dans une vidéo postée sur le site du magazine, on pouvait voir le journaliste au volant de sa Jeep qui à un moment donné perd complètement le contrôle de son véhicule qui est piloté par quelqu'un d'autre. Effrayant certes. Mais les deux hackers se sont rapprochés de Chrysler – propriétaire de Jeep – pour expliquer la façon dont ils ont procédé et permettre à l'entreprise de résoudre la faille.

Ici, le but du hacker est de se faire remarquer par les entreprises, de venir ensuite les débriefer sur les failles de sécurité, voire de travailler ensuite au sein de l'institution piratée.

Cousin de ce hacker plutôt bienveillant finalement, on peut également trouver le hacker activiste, qui, lui, a un profil plus inquiétant pour l'entreprise. C'est celui qui décide de défendre une cause et qui met ses connaissances informatiques au service de cette cause pour nuire à l'image des entreprises qui sont – selon lui – des ennemis. Évidemment Edward Snowden peut être rangé dans cette catégorie. Plus proche des entreprises et du

remercier-ses-hackers_1354230). L'article original et Wired et la vidéo du test ici : http://www.wired.com/2015/07/hackers-remotely-kill-jeep-highway/.

business, l'affaire Lacoste est également à classer dans ce domaine. Ce cas est très étonnant. Quand Anders Breivik le tueur norvégien d'Utoya apparaît au tribunal, il porte un polo Lacoste.

Rien ne porte à croire que des attaques informatiques vont découler d'un quasi-non-événement. Et pourtant… Voyant Breivik avec un polo Lacoste, des *green web* activistes vont décréter que Lacoste est une marque de tueurs de crocodiles et vont déclencher un grand nombre d'attaques informatiques contre la société. Pour calmer les esprits, Lacoste s'est engagé dans un programme nommé « Save your logo » qui vise à défendre la biodiversité. Comme quoi, une attaque, si elle ne pille pas des données peut aussi rendre la vie difficile et surtout porter atteinte à l'image d'une marque.

La deuxième catégorie d'attaquants externe est vieille comme l'économie. Elle est constituée des concurrents de l'entreprise. Évidemment, vos concurrents veulent connaître vos secrets et vous les piller. Ils s'inscrivent donc dans les attaquants potentiels. Souvent, ils utiliseront des mafias pour parvenir à leurs fins.

Nous arrivons ainsi à la troisième catégorie d'attaques externes : celles des mafias et des voyous.

Après l'alcool, la drogue, la prostitution, pas étonnant de retrouver les grands bandits dans les réseaux. Ils sont conscients qu'ils ont beaucoup à gagner à piller les données stratégiques des entreprises. Ils ont évidemment des intentions malveillantes dignes de celles des grands escrocs. Un but : l'enrichissement par tous les moyens, peu importe ce que l'on vole, de l'argent dans une banque ou des données *via* Internet dans des entreprises. Ces attaquants-là sont très organisés. Ils font souvent appel aux hackers pour perpétrer leurs délits.

Autre profil : les pays. Dans la guerre économique, la donnée et la propriété intellectuelle sont des actifs stratégiques qui permettent notamment de gagner du temps sur les concurrents. Aussi, certains pays ont-ils décidé de se muer en attaquants pour voler de la propriété intellectuelle aux entreprises d'un secteur stratégique concurrentes de leurs différents fleurons nationaux. Parfois même, certains pays sont capables d'organiser des représailles informatiques contre des entreprises qui peuvent nuire à leur image ou à leur diplomatie. Surréaliste ? Pas vraiment.

Souvenons-nous du cas très récent, fin 2014, du piratage de Sony Pictures. De quoi s'agit-il ? Le 24 novembre 2014 avant la sortie en salles du film *The Interview*, l'ensemble du système informatique de Sony Pictures est paralysé. Quelques heures plus tard, de larges extraits du film sont en ligne. Plus grave encore, quelques jours après, ce sont des données confidentielles des clients mais aussi et surtout de Sony qui se retrouvent sur la Toile en accès libre.

Grâce à ces documents, outre le montant des rémunérations des 6 000 collaborateurs de la société, les détails des différents contrats avec les acteurs, on apprendra que le P-DG Michael Lynton gagne, lui, 3 millions de dollars par an. Ennuyeux tant pour l'image que pour le climat de l'entreprise. Avec l'installation d'une idée toute simple : Sony ne sait pas gérer la confidentialité de ses données et encore moins les sécuriser. Tout ça pour un film ? Pas seulement. Dans la comédie *The Interview*, Seth Rogen et James Franco, acteurs plutôt irrévérencieux, doivent assassiner un Kim Jong-un capable de « parler aux dauphins » et de faire croire qu'il « n'urine et ne défèque jamais ». Un film qui a sévèrement déplu au régime nord-coréen, Pyongyang promettant même aux États-Unis des représailles impitoyables. Hasard ou pas, les différentes enquêtes menées à la suite du piratage de Sony Pictures par les autorités américaines ont conclu à une forte présomption d'une attaque venue de Corée du Nord, *via* des hackers nommés Guardians of Peace. Dans une interview accordée au site américain *The Verge*, certains membres de Guardians of Peace accréditent clairement cette thèse. « *The Interview* est assez dangereux pour causer une attaque informatique massive. Sony Pictures a produit ce film en mettant en danger la paix et la sécurité de la région, et en violant les Droits de l'homme pour de l'argent. Les informations en lien avec *The Interview* nous révèlent les crimes de Sony Pictures. [...] Leur activité est contraire à notre philosophie. Nous luttons contre une telle cupidité de Sony Pictures. »

Possible que, dans ce cas d'espèce, des mafieux se soient emparés de la déclaration de Pyongyang pour ensuite revendre des informations à la Corée. Possible que la Corée ait elle-même décidé de s'adjoindre les services des Guardians of Peace pour montrer sa puissance. Quoi qu'il en soit, Sony a subi un véritable sinistre.

Plus récemment, le piratage d'Ashley Madison site de rencontres extraconjugales, à la suite d'une faille de sécurité, a exposé quelque 36 millions d'utilisateurs enregistrés à voir leurs noms et leurs données jetés en pâture sur la place publique du Net.

Les attaquants, qui se sont baptisés The Impact Team, ont revendiqué l'agression et ont publié une partie des informations dérobées à la société ALM, telle que des informations bancaires de l'entreprise ou des données personnelles appartenant à des employés de l'entreprise. Ainsi que, bien sûr, des données clients. Ils protestaient en l'occurrence contre un service payant mis en place sur le site proposant aux utilisateurs moyennant 20 dollars de supprimer l'ensemble de leurs données. Selon The Impact Team, cela était proprement mensonger, d'où la raison de leur attaque.

Des exemples qui viennent démontrer à quel point les motivations des attaquants peuvent être variées. Motivations idéologiques, crapuleuses, financières ou simplement symboliques, autant de raisons qui peuvent faire d'une entreprise une cible. Être une cible est toujours inquiétant. Heureusement, savoir que l'on en est une est déjà un pas vers la prévention.

Pourquoi les attaquants sont-ils toujours en avance ?

L'autre pas est de bien comprendre pourquoi les attaquants ont toujours une longueur d'avance. Dans la complexité des serveurs des entreprises, la force du pirate est de trouver toujours l'aiguille dans une botte de foin. Il a une acuité visuelle qui lui permet de repérer la vulnérabilité d'un système. Il suffit d'une seule minuscule faille. La grande difficulté des entreprises est de mettre à jour immédiatement tous leurs systèmes dès l'apparition d'une nouvelle vulnérabilité.

S'il est possible pour un particulier de mettre à jour son iPhone à chaque nouvelle version d'iOS, il est complexe – pour ne pas dire impossible – pour une entreprise de le faire pour ses milliers de serveurs. C'est matériellement et humainement impossible. À un moment donné, l'entreprise prend du retard et elle devient vulnérable. Les attaquants le savent. Côté entreprise, sans pouvoir tout protéger, il faut choisir de sécuriser et de mettre à jour rapidement les systèmes d'information les plus stratégiques. Voilà pourquoi il faut les connaître avec précision.

Les quatre signes d'une attaque imminente

Kyrielle de menaces et d'attaques possibles donc. Heureusement, certains signes avant-coureurs peuvent permettre de savoir si oui ou non l'entreprise va subir un assaut. En voici quatre :

1. Posséder un capital très important de données. Très important en ce sens qu'il a une valeur réelle pour l'extérieur (données de paiement, etc.). Objectivement, si l'on possède un capital de données quel qu'il soit, on peut être certain qu'il est une cible d'une manière ou d'une autre.
2. Ne jamais évaluer sa propre sécurité. Résultat : l'entreprise ne connaît pas et ne sait pas où se trouvent ses faiblesses de sécurité. Il y en a forcément.
3. Si on ne connaît pas les incidents, si on pense que l'on n'a jamais d'incidents alors, évidemment, c'est un écran de fumée. C'est nier la réalité et l'évidence car toutes les entreprises sont attaquées plusieurs fois par jour.
4. Ne jamais analyser ses rapports d'activité (les fameux logs) et son activité informatique. Internet n'est pas un gaz. Chaque action sur un système, chaque activité y laisse des traces. On ne

peut pas revoir tous les logs d'une entreprise. Il faut en revanche avoir des systèmes intelligents qui recherchent les signaux faibles (par exemple une connexion rare, à une heure étonnante).

Les neuf étapes classiques d'une attaque

Voilà donc les quatre signes qui peuvent laisser penser que l'on est fortement vulnérable. Reste ensuite à connaître les différentes étapes de l'attaque (la plus récente étant l'APT pour Advanced Persistent Threat). Globalement, une attaque se déroule toujours de la même façon. Voici les neuf étapes que met en place, au moins partiellement, l'attaquant.

1. Avant de passer à l'offensive, l'attaquant va se documenter. Où ça ? Sur Internet. Oui, sur Internet, où toutes les astuces des différents modes d'attaque sont disponibles. L'information est facile d'accès. En outre, l'attaquant y trouvera certainement beaucoup d'informations sur l'entreprise qu'il cible.
2. L'attaquant va évaluer l'exposition externe et réelle de l'entreprise. Tenter de rentrer dans le système grâce au wifi ou un intranet ou une autre présence sur le Net. C'est ce que l'on appelle

la reconnaissance de l'écosystème de la victime (scan, ingénierie sociale, etc.). Dans cette étape, il est important de se souvenir d'un principe clé : la résistance d'une chaîne est égale à la résistance de son plus faible maillon.

3. Intrusion furtive dans les systèmes cibles repérés en fonction des vulnérabilités existantes au sein du système de l'entreprise.
4. Mise en place d'une porte dérobée sur le réseau pénétré. En clair, l'attaquant se cache et se fait oublier pour ne pas se faire repérer. Mieux, il se laisse même la possibilité de revenir furtivement.
5. Obtention de droits d'accès vers d'autres systèmes internes où se trouvent les données les plus stratégiques et les données recherchées par l'attaquant.
6. Installation d'un outillage nécessaire à l'exfiltration furtive de données.
7. Obtention de privilèges plus importants pour pouvoir ouvrir des portes pour capter des données.
8. Exfiltration furtive de données.
9. Adaptation à l'écosystème et ses détecteurs pour préserver les possibilités de retour sur les systèmes de l'entreprise.

CHAPITRE 4

Comprendre les vulnérabilités et les faiblesses

« Tous les hommes ne sont pas vulnérables de la même façon ; aussi faut-il connaître son point faible pour le protéger davantage. »

SÉNÈQUE, philosophe.

Tous vulnérables

« *Visita interiora terrae rectificandoque invenies occultum lapidem.* » VITRIOL : « Visite l'intérieur de la terre et en rectifiant tu trouveras la pierre cachée. » Dans certaines traditions ésotériques, cette maxime latine invite celui qui la reçoit à chercher à l'intérieur de lui les imperfections et à les rectifier afin de s'améliorer. Intéressante démarche qui vise à d'abord chercher en soi les raisons des erreurs ou des échecs. Voilà une philosophie qui, en matière de cybersécurité, permettrait à beaucoup d'entreprises et d'institutions de circonscrire le risque à un niveau raisonnable.

Si l'on remplace le mot VITRIOL par celui de vulnérabilité, on entre dans une démarche vertueuse de sécurité informatique. La pensée inconsciente selon laquelle avec l'informatique le risque d'erreur disparaît doit définitivement être bannie. Au contraire, le digital induit des risques (nous l'avons vu, c'est le paradoxe technologique). Mais, au lieu de craindre ce risque, il faut l'accepter, le connaître, le quantifier, l'analyser et même parfois le laisser perdurer à un niveau acceptable. C'est grâce à lui que l'on va s'améliorer.

La vulnérabilité est, pour un système informatique, le fait d'avoir une faille sans que personne ne s'en aperçoive et tente de l'utiliser. La vulnérabilité, en somme, est un défaut qui n'a pas été créé par l'utilisateur. Elle est inhérente au système. Un peu comme une personne qui a un anévrisme, mais qui vit 90 ans sans jamais connaître le moindre problème. C'est une maladie rare qui n'est pas déclarée.

Récemment, lors d'une mission de cybersécurité, nous avons été amenés à réaliser une très importante batterie de tests de sécurité chez une très grande entreprise française cotée en Bourse. Nous nous sommes introduits plusieurs fois dans son système d'information. De manière très fine, mais aussi de manière plus grossière. Pas une seule fois, on ne s'en est aperçu. Personne n'a bougé.

Avec des intentions malveillantes, nous aurions pu réaliser une fuite de données très importante et revendre chèrement les données pillées. Lors de notre rendez-vous de débriefing avec la direction de cette entreprise, ce qui les a le plus étonnés, ce ne sont pas les failles – ils étaient persuadés à juste titre d'en avoir – mais le manque d'alerte et surtout le manque de capacité de réaction face à une attaque. Ils ont donc compris la logique : le problème n'est pas la vulnérabilité ou le risque, mais bel et bien la façon dont on les évalue et dont on les contre au moment où les attaques surviennent.

Un dirigeant sans entrer dans la technique doit comprendre les scénarios d'attaque permis par les vulnérabilités. Et, lorsqu'il achète une technologie, il doit savoir quels en sont les risques.

Prenons l'exemple d'un téléphone sécurisé. Un hacker trouve une nouvelle faille dans iOS, donc l'iPhone n'est plus sécurisé. Ce hacker ou même des centres de recherche vont faire connaître cette vulnérabilité. Apple va réagir avec une mise à jour. Avant la mise à jour, le téléphone est devenu vulnérable. De fait, les codes sources de tous les programmes sont des grammaires non finies. Cela veut dire que, même si on est sécurisé à un moment donné, l'évolution d'un système d'information quel qu'il soit peut donner lieu à l'apparition de nouvelles failles.

Connaître ses faiblesses

Ces systèmes eux-mêmes incluent nécessairement des vulnérabilités. En effet, ils sont confrontés à l'obsolescence technique. C'est le cas par exemple d'une entreprise qui achète un ensemble de *firewalls* et qui, quelques années après, s'aperçoit que les *firewalls* en question ne sont plus maintenus par le fournisseur. C'est-à-dire que ce fabricant ne fournit plus les mises à jour des différents logiciels. *De facto*, l'entreprise est en risque.

Aussi, et de manière schématique et simple, peut-on distinguer trois autres types de vulnérabilités. D'abord, celles qui tiennent à la conception même des systèmes d'information et à leurs défauts de réalisation. Le problème de conception peut très difficilement être réparé, le défaut de réalisation, lui, peut parfois être corrigé.

Ensuite, d'autres vulnérabilités sont liées à l'organisation et à l'environnement. Elles sont le plus souvent liées à de mauvaises conditions d'emploi des solutions de sécurité. Elles peuvent souvent être régulées grâce à une meilleure organisation et une meilleure administration des systèmes.

Enfin, le dernier type de vulnérabilité vient de l'usage fait par les utilisateurs eux-mêmes. C'est globalement le non-respect des mesures de sécurité qui peut trouver un premier niveau de réponse grâce à la formation et à la sensibilisation.

Sans faire trop de sémantique, la faiblesse, elle, vient plutôt d'une erreur de paramétrage, d'une mauvaise appréhension technique des logiciels utilisés. Là où la vulnérabilité est intrinsèque au système, la faiblesse survient lorsque l'utilisation humaine du logiciel n'est pas adéquate. Les faiblesses peuvent donc venir d'une erreur de paramétrage telle qu'un wifi mal sécurisé avec des mots de passe beaucoup trop simples. Un peu comme si le vigile d'un bâtiment sécurisé ne veillait pas sur les entrées du lieu qu'il est censé surveiller. Ces faiblesses surviennent ainsi le plus souvent parce que l'entreprise n'a pas de politique généralisée de sécurité. Elle n'a pas modélisé ses risques et ses faiblesses. À titre d'exemple, personne n'a expliqué que les accès privilégiés des administrateurs devaient être personnalisés, etc.

Il existe aussi des faiblesses dans la détection et la cartographie des données sensibles : on ne protège pas les bonnes données puisque l'on ne sait pas déterminer exactement quelles sont les données stratégiques. Autre possibilité : l'usage que les employés font des données qu'ils manipulent. L'exemple d'un fichier important qu'un salarié décide de s'envoyer sur sa boîte mail personnelle. Cela peut mettre en danger l'ensemble du système. Enfin, dernier type de faiblesse : celle liée au partenaire. L'oubli ou la pudeur font que, très souvent, personne ne contrôle réellement les pratiques de cybersécurité des partenaires. Or la confiance et le partenariat business n'excluent pas un contrôle raisonné.

Le rôle du dirigeant n'est pas de penser que ses collaborateurs travaillent mal ou ne sont pas efficaces, mais de comprendre que la technologie en elle-même implique des vulnérabilités. Pour lutter contre cela, il faut mettre en place des process précis et évaluer régulièrement les dispositifs et les comportements.

C'est à partir de ces constats que l'on peut réfléchir à une nouvelle gouvernance. Car tel est bien là le point nodal. Ces vulnérabilités technologiques s'accompagnent de faiblesses plus larges propres à l'entreprise. Celles-ci rendent également l'entreprise vulnérable face aux diverses menaces. Ces différentes faiblesses sont de trois ordres. D'abord, les entreprises n'ont souvent pas la bonne organisation ni la bonne gouvernance sur ce sujet. C'est un point crucial, trop souvent négligé, nous y reviendrons. Diriger une entreprise, c'est aussi et surtout en gérer les risques.

Ensuite, il convient également de souligner le fait que l'ensemble des acteurs a aujourd'hui un problème d'accès à la compétence et notamment un problème de recrutement des bonnes compétences. Enfin, dans les écosystèmes de plus en plus ouverts dans lesquels toutes les entreprises naviguent aujourd'hui ces dernières font de plus en plus appel à des partenaires extérieurs.

Plus personne n'avance seul. Or, au gré de nos rencontres, nous nous sommes aperçus d'une chose : souvent ces partenaires, ces sous-traitants, ne sont absolument pas conscients du degré de confidentialité de telle ou telle information. Ils n'en sont pas conscients, non pas par malveillance, mais parce que personne ne le leur a dit ou, pis, parce que le commanditaire lui-même ne fait pas assez attention à sa propre sécurité.

Cela arrive beaucoup plus souvent qu'on ne le pense. Récemment, en discutant de cybersécurité avec la direction juridique d'un grand groupe, nous avons découvert qu'ils ne s'étaient jamais réellement demandé si les avocats partenaires, extérieurs à l'entreprise avec qui ils travaillaient au quotidien et échangeaient des informations hautement confidentielles, répondaient aux exigences sommaires de confidentialité et de sécurité. Dangereux…

La cybersécurité oscille en permanence entre faiblesses et vulnérabilités

La cybersécurité aujourd'hui est donc une oscillation permanente entre les vulnérabilités intrinsèques aux systèmes et les faiblesses inhérentes à l'entreprise. En comprenant cette oscillation, on prend conscience du risque. Surtout, on arrive assez rapidement au constat qui est le nôtre : la cybersécurité n'est pas uniquement un problème technologique, comme on l'entend trop souvent. Ce n'est pas un problème technologique car ce n'est pas une science exacte. C'est une science humaine. La gestion des risques est une science humaine qui nécessite du bon sens et de la perspective.

Actuellement, à défaut d'avoir une stratégie claire, beaucoup d'entreprises font de la mauvaise tactique en se laissant conter fleurette par les diseurs de bonne aventure de la cybersécurité. Ces derniers ont un atout : le langage technologique et scientifique qui leur permet de se proclamer experts et de masquer ainsi les limites des solutions proposées et surtout des organisations actuelles. Scientifiques technologiques contre tenants du bon sens et de l'expérimentation. Une querelle vieille comme le monde. Déjà, Jules Verne dans son *Voyage au centre de la Terre*[1] la mettait en scène.

Les deux héros du livre, l'oncle et le neveu, sont des scientifiques purs et durs. Le premier est franchement caricatural, le second laisse – parfois – la place au doute. Tous les deux sont flanqués d'un guide norvégien inculte qui ne parle pas. Au fur et à mesure de la lecture, on s'aperçoit que le savoir scientifique arrogant est sans cesse mis en échec. Pis, face aux situations les plus critiques il est totalement inutile. Celles-ci se résolvent soit grâce au hasard, soit grâce au bon sens de l'inculte norvégien. Bref, Jules Verne met en scène le décalage

1. Jules Verne, *Voyage au centre de la Terre*, paru en 1864, Le Livre de Poche, 2008.

flagrant entre les illusions de la connaissance et la réalité. Les scientifiques caricaturaux du livre ne disposent d'aucune intuition, ni même de sensibilité aux expérimentations diverses de la réalité et de la relation à l'autre. Voilà le centre caché que Jules Verne indique : sitôt que nous cherchons à savoir et à aller au cœur des choses, il nous faut accepter ce moment d'errance nécessaire de la raison, sa permanente insuffisance, condition de sa richesse et de son renouvellement. Reste une question, le « bon sens » peut-il réellement guider le monde et *a fortiori* les questions de cybersécurité ?

Il n'est pas question ici de faire l'apologie sans recul du bon sens. Il s'agit plutôt d'insister sur celui qui se laisse volontairement mettre en cause par la réalité, ce bon sens qui feint son ignorance pour mieux rectifier les vulnérabilités. Comme le sous-entend Jules Verne dans son ouvrage, il faut toujours se méfier de la science à tous crins qui vise à établir des normes prédéfinies pour expliquer les comportements humains. La cybersécurité, si elle a besoin de technologies scientifiques, a surtout besoin de bon sens et d'expérimentations.

En cybersécurité, il existe par exemple la norme ISO 177-99. C'est une bonne chose. C'est un plus mais, là encore, ce n'est pas parce que des normes sont respectées que l'on a atteint le risque zéro et que l'on s'est débarrassé de toutes ses faiblesses.

L'autre clé pour savoir accepter ses faiblesses et ses vulnérabilités, c'est de retrouver le goût du risque.

CHAPITRE 5

Comment retrouver le goût du risque ?

« Il y a bien des manières de ne pas réussir, mais la plus sûre est de ne jamais prendre de risques. »

Benjamin Franklin, homme politique américain, père fondateur des États-Unis.

De la peur du risque

À ce stade du livre, le lecteur n'est sans doute pas très rassuré. Il sait désormais que de très nombreux attaquants – pirates, mafias, États, etc. – peuvent pénétrer dans les systèmes d'information pour piller des données. Pis, l'investissement crucial dans le digital que doivent opérer les entreprises pour rester compétitives induit de nouveaux risques.

Une chose est désormais certaine : le risque, les risques ne vont pas disparaître. Alors que faire ?

Se cacher ? Construire des lignes de défense à la Vauban ? S'armer de toujours plus de défenses technologiques censées nous protéger ? Cela pour s'approcher le plus possible de ce fameux et illusoire risque zéro ?... Illusoire tant dans la société en général que dans la matière qui nous intéresse ici : la cybersécurité.

Allons même plus loin : le fait d'être exposé à des risques est une chance. Une réelle chance pour les entreprises comme pour la société tout entière. C'est le signe que nous évoluons vers une meilleure appropriation de la technologie et une meilleure compréhension des risques.

Notre intuition est simple : en matière de cybersécurité, il faut sortir du marketing de la peur. Cesser de penser que les menaces grandissantes, les faiblesses et les vulnérabilités sont forcément des obstacles que des outils de défense vont faire disparaître comme par enchantement. Cela n'adviendra pas. Trivialement, on pourrait dire que le risque zéro n'existe pas et qu'il y a toujours un danger résiduel. La plus belle illustration de ce danger résiduel inquantifiable, inqualifiable et peu imaginable est certainement cette histoire de l'homme tué par un MIG alors qu'il dormait dans son lit[1]. C'était en 1989, pendant la guerre froide, quelques mois avant la chute du mur de Berlin. Ce jour-là, l'armée russe fait des essais de son MIG-23 dans l'espace aérien polonais. Le MIG décroche et n'a pas de pilote. Il sort des espaces aériens contrôlés par l'URSS. Cette dernière avertit l'OTAN et demande l'autorisation d'abîmer l'avion en mer. En vain. Après un vol de 900 kilomètres, le MIG, à court de carburant, s'écrase sur une maison à Courtai en Belgique et tue un jeune homme de 19 ans qui dormait tranquillement dans son lit. Risque résiduel s'il en est. Démonstration provocatrice par l'absurde que le risque zéro n'existe pas. En effet, qui aurait pu prévoir cet abracadabrantesque scénario ? Personne. Et pourtant…

Et si on apprenait à vivre avec cette idée-là ? Et si chacun de nous, mais aussi chacune de nos entreprises, se décidait à entrer dans une véritable culture et appétence au risque ?

Cette idée est à la fois un souhait, mais également une obligation. En effet, nous l'avons vu, le paradoxe technologique nous conduit forcément à

1. Le récit complet de cet accident aérien sur Wikipédia (https://fr.wikipedia.org/wiki/Accident_aérien_de_Courtrai).

une société du risque. Au contraire de la pensée inconsciente qui voudrait que, du fait de l'absence d'intervention humaine l'informatique soit une chose sûre et sans aucun risque, il faut bien comprendre que les risques de se faire pirater, piller, attaquer, etc. n'ont jamais été aussi importants. Et pourtant, jamais notre peur n'a été aussi peu justifiée et irrationnelle.

Sans trop entrer dans des considérations philosophiques, essayons tout de même de circonscrire quelque peu notre rapport au risque. Les sociologues Anthony Giddens et Ulrich Beck[2] dans leurs ouvrages consacrés à la société du risque nous ont appris une chose. Ils nous ont expliqué que notre société n'est proportionnellement pas plus dangereuse que celle d'autrefois, mais qu'elle doit repenser son attitude face aux aléas (en termes de risques), puisque la science ne peut plus prétendre contrôler les risques.

Nous sommes dans notre sujet. Les risques ne sont pas plus importants qu'autrefois, il faut juste changer le rapport que nous entretenons avec eux,

---

2. Anthony Giddens, *Les Conséquences de la modernité*, L'Harmattan, 1994 et Ulrich Beck, *La Société du risque. Sur la voie d'une autre modernité*, Aubier, 2001.

car, les technologies antirisques vont elles aussi impliquer intrinsèquement de nouveaux risques.

Take a chance

Cette nouvelle donne est un état de fait. S'évertuer à se plaindre des risques serait une erreur majeure. Les risques ne sont donc pas imputables à un fléau externe, mais bel et bien aux conséquences logiques de nos activités. Dans leur ouvrage essentiel *The Age of Anxiety : Conspiracy Theory and Human Science*[3] dans lequel ils auscultent notre rapport à la modernité et aux risques en général, Jane Parish et Martin Parker tirent une conclusion qui, en matière de cybersécurité peut et même doit nous servir de guide. « Les risques, à l'âge de la globalisation, ne sont donc pas des interruptions isolées du service normal, mais font partie de l'activité habituelle. »

Vivre avec les risques. Et encore mieux : savoir s'en servir pour s'améliorer.

Facétie du langage, en français, nous disons « prendre un risque ». En anglais, la même expression peut se dire « *take a chance* » : des mots qui

3. Jane Parish, Martin Parker, *The Age of Anxiety : Conspiracy Theory and Human Science*, Blackwell Publisher, 2001.

disent des philosophies du monde. Et qui appuient sur des sentiments différents : la peur ou l'audace. En français, l'expression joue sur notre peur, « prendre un risque ». En anglais, elle joue sur notre audace, « *take a chance* ».

Digressions philosophiques et linguistiques qui nous ramènent à la cybersécurité. Le risque informatique de piratage est bien là, présent dans notre quotidien. Le but n'est pas de l'annihiler, mais de le gérer au mieux. Et c'est cette meilleure gestion qui peut devenir une chance pour l'entreprise. Une gestion raisonnée et adulte du risque le transforme clairement en opportunité.

Si demain l'entreprise accepte l'idée même du risque informatique comme étant partie intégrante de son business, si elle investit massivement dans le digital pour s'affirmer comme un leader de son marché, augmentant de ce fait son exposition au risque, et si elle profite de ces nouveaux risques pour faire un audit de sa sécurité, de ses vulnérabilités et de la protection des données qui sont le plus stratégiques, et qu'enfin elle décide de changer son mode de gestion des alertes, alors, oui, clairement elle entrera dans un cercle vertueux et aura fait de ses risques une chance.

Ceux qui gagneront demain sont ceux qui prendront des risques. Cela ne veut pas dire ne pas avoir peur, mais être capable de les affronter de manière raisonnée. Le but est de savoir piloter et de savoir prendre des risques.

Le besoin de sécurité est le pendant d'une aversion congénitale au risque. Cela vaut dans tous les domaines. De nombreux économistes s'accordent pour dire que si les Français ne mettaient pas leurs économies sur des livrets A (sans risques) rémunérés à moins de 1 % mais investissaient dans des entreprises, l'économie irait beaucoup mieux et l'épargne des Français au lieu d'être endormie deviendrait un vecteur de croissance. Mais, pour cela, il faut prendre un risque. Ou plutôt « prendre une chance » et se dire que cet argent investi sera largement rentabilisé par l'entreprise même si cela comporte des risques.

Notre propos est au final assez simple, aucune entreprise n'apprendra à gérer ses risques sans les expérimenter. Pour le dire plus trivialement : il est impossible d'apprendre à nager en regardant un DVD de natation assis dans son canapé. Le cyberrisque est là, il existe, il est la conjonction d'une menace et d'une vulnérabilité : acceptons-le et vivons-le.

Expérimenter et connaître ses risques

C'est par l'expérimentation que chacun, individu ou entreprise, peut acquérir des savoir-faire et de l'intelligence des situations.

Vivre, expérimenter, tester ses limites. Affronter la peur et les risques. Dans *L'Homme-dé*[4] un roman paru en 1971 et écrit par George Powers Cockcroft sous le pseudonyme de Luke Rhinehart, cette notion du risque est abordée de manière magistrale. Luke Rhinehart, le héros du livre, est psychiatre. Marié, deux enfants, la trentaine, résidant à New York, plutôt bien estimé de ses collègues et aimé de sa famille, même s'il n'est pas un père modèle. Sa vie est belle. Tranquille. Trop tranquille. Elle ne laisse pas la place au risque. Après une soirée particulière, il va être amené à radicaliser son mode de vie. Un beau jour, il décide que, désormais, ses actes et donc son existence seront dictés par les dés. La vie est souvent ennuyeuse parce que l'homme n'est pas libre. Tous nos faits et gestes, nos actes, sont induits par le poids de notre culture, de notre

4. Luke Rhinehart *L'homme-dé* (1971), Éditions de l'Olivier, 1995.

environnement et des convenances, rien n'est donc réellement librement choisi. Pour être totalement libre, il ne faut plus choisir, il faut laisser le hasard décider pour nous. À partir de ce théorème de base, Luke va jouer sa vie aux dés : chaque fois qu'il devra décider d'une action à entreprendre, il imaginera une possibilité différente par face du dé et c'est celle qui l'emportera après lancer, qu'il appliquera obligatoirement.

Dans ce roman, la prise de risque, l'expérimentation et le hasard sont au cœur de la réflexion. Souvent la prise de risque – jouer son existence aux dés – est bénéfique pour le héros. Elle lui permet de rencontrer des gens, de gagner de l'argent, etc. L'expérimentation induite par le fait de lancer les dés devient ainsi une source d'expérience et d'apprentissage.

Dans le roman, les dés sont les guides et tous les risques sont permis. Loin de nous l'idée de poursuivre l'analogie sur ce dernier point. Au contraire. Toutefois, appréhender les risques est crucial pour peu qu'on sache ensuite les gérer et les rationaliser. Nous y sommes. C'est bien de cela qu'il s'agit : accepter le risque, le connaître et l'avoir vécu pour mieux savoir le gérer et le rationaliser. C'est là tout l'enjeu et tout le but d'une démarche rationnelle, adulte et raisonnée de la cybersécurité.

Voilà qui n'aurait pas déplu au poète René Char qui écrivait dans son poème « Rougeur des matinaux » la chose suivante : « Impose ta chance, serre ton bonheur et va vers ton risque. À te regarder, ils s'habitueront[5]. »

---

5. René Char, *Les Matinaux*, Gallimard, « collection Blanche ». 1950. Réédition 1964. Collection « Poésie Gallimard », 2002.

TROISIÈME PARTIE

Réussir sa cybersécurité : se réapproprier son capital humain et modifier son organisation

CHAPITRE 6

Les Pieds Nickelés font de la cybersécurité

> « Ah ça, c'est une chouette idée, répondirent en chœur Ribouldingue et Filochard, sûrement, allons-y, ça colle ! »
>
> Louis FORTON,
> *Les Aventures des Pieds Nickelés.*

Quelle est la situation ? Les données sont le premier actif des entreprises, l'investissement dans la technologie est indispensable même s'il apparaît compliqué et si les menaces sont de plus en plus importantes. On s'attendrait donc à ce que tout le monde prenne les mesures adéquates pour se protéger. À l'image de la sécurité physique, dans la « vraie vie ».

De la débrouillardise ingénieuse au lieu d'une stratégie réfléchie

Or, lorsqu'il s'agit de sécurité informatique, comme les menaces sont invisibles, les entreprises ont tendance à faire confiance.

Quand on regarde d'où vient cette confiance, on remarque que cela ne repose sur rien de réellement tangible. Normalement, quand on fait confiance, c'est que l'on a étayé son jugement.

Plus largement, nous nous sommes rendu compte que non seulement les entreprises ne savent pas réellement ce qu'elles ont à protéger, mais qu'en plus, elles ne pratiquent pas d'évaluation régulière (environ 1 fois par an) de leur sécurité.

De fait, quand on se penche en détail sur la cybersécurité des entreprises, on remarque qu'aujourd'hui, aussi étonnant que cela puisse paraître, toutes les briques de base de la sécurité ne sont pas présentes. Souvent, il n'y a pas de système de détection des fuites des données. Le taux d'équipements est à environ 50 %. C'est maigre. En clair, non seulement les entreprises ne savent pas bien ce qu'il faut protéger, mais en plus elles ne possèdent pas les outils de surveillance adéquats.

Pis, quand ces systèmes de surveillance sont en place, l'organisation de l'entreprise ne permet pas – le plus souvent – de gérer correctement les alertes.

À la lecture de ces lignes, le lecteur sera tenté de penser que l'auteur exagère, dramatise et caricature. Prenons donc quelques exemples tirés de la vie réelle pour montrer à quel point, à l'heure actuelle, nous sommes proches des Pieds Nickelés lorsqu'il s'agit de cybersécurité.

C'est ainsi que l'on peut croiser une direction des ressources humaines d'une grande entreprise qui déploie un outil mondial de gestion des ressources humaines contenant des informations confidentielles sur les salariés du groupe. Il s'agit d'une solution cloud. Avant la mise en service, la direction générale demande une vérification de cette solution. Réponse : en dix minutes, depuis l'extérieur, on accédait à toutes les rémunérations et toutes les informations confidentielles de l'ensemble des salariés de l'entreprise. Dans ce cas, aucun système de sécurité n'était activé et ce alors même que le système en proposait.

C'est ainsi que l'on découvre qu'un hôpital voulant améliorer le confort de ses patients ouvre des bornes wifi. Le but est de permettre à l'ensemble de la patientèle de se connecter à Internet pendant leur séjour hospitalier. Problème : pour faire des économies, l'établissement a choisi de connecter ce wifi pour les patients à son réseau interne. Des tests effectués depuis la rue d'à côté permettent ainsi de rejoindre le réseau interne et d'accéder non seulement à la liste de l'ensemble des patients de l'hôpital, mais aussi à leur dossier médical. Autant dire que cette erreur est majeure pour la réputation de l'établissement de santé habitué à une clientèle huppée. Plus largement, cette erreur coûte cher puisque les patients peuvent ainsi voir leurs données médicales – qui sont certainement parmi les données les plus sensibles – en libre accès sur la place publique.

Le directeur informatique en question a été limogé. Dans ce cas précis, l'erreur lui est peut-être imputable. Mais avait-il reçu la formation adéquate ? Était-il vraiment la bonne personne pour arbitrer entre les coûts et la sécurité ? Il s'avère évidemment que non. Auparavant, cette personne était spécialisée dans la sécurité physique des personnes et des biens. Or ce n'est absolument pas le même métier.

C'est ainsi qu'un grand industriel déploie une solution ERP mondiale (pour gérer tout le périmètre financier). En parallèle, dans le cadre des visites des sites de production, il décide de mettre des accès wifi pour les visiteurs. Tout le monde croit, à ce moment-là, que personne ne peut *via* le wifi se connecter à la solution ERP. En fait, avec un PC sur le parking d'une des usines, il est possible de pénétrer sur le wifi mal sécurisé, puis sur l'ERP mal sécurisé pour obtenir des informations d'une importance cruciale. Résultat : il aurait été possible d'effectuer des virements de plusieurs millions d'euros. Dans ce cas, nous sommes en plein dans l'hypothèse où l'on fait une confiance aveugle à un dispositif, sans le tester ou le vérifier régulièrement.

C'est également ainsi qu'une banque qui souhaitait vérifier la sécurité de sa monétique, car elle avait fait des adaptations, s'aperçoit qu'il y a des failles sur les fichiers informatiques des distributeurs de billets (DAB). En s'introduisant assez facilement dans le système, il était possible de prendre la main sur les DAB et d'en sortir des billets, sans carte.

C'est ainsi, par défaut de paramétrage d'un *firewall*, que l'on parvient à prendre les commandes de l'ensemble des panneaux de signalisation d'une route, à y modifier les messages affichés, et à y changer les orientations des caméras. Dans le cas d'espèce, il était même possible de remplacer l'image diffusée sur les écrans de contrôle par une autre. Celle de la veille par exemple.

C'est ainsi l'histoire d'une grande business school qui, déployant des accès wifi pour les étudiants, oublie de les sécuriser réellement. Pis, elle omet également de créer un filtrage entre le wifi et le réseau interne de l'établissement. Évidemment, quelques étudiants s'en aperçoivent et accèdent au système de gestion des notes et les modifient. Il était même possible de créer des étudiants imaginaires.

C'est aussi ce magasin célèbre dont le système informatique devait être hautement sécurisé. En quelques minutes, là encore, il était possible de pénétrer dans son serveur pour sortir du cash de toutes les caisses de l'établissement.

C'est encore une grande entreprise industrielle dans l'aéronautique où l'on s'aperçoit que l'ensemble des systèmes dit SCADA (Supervisory Control and Data Acquisition), qui concernent la signalétique complète d'un lieu, ne sont pas sécurisés. C'est-à-dire que, une fois de plus, de l'extérieur, à cause de petites failles ou de choses basiques qui ne sont pas faites, on peut prendre le contrôle de l'ensemble de la signalétique et changer les messages.

Ces histoires sont significatives. Elles sont toutes réelles. Elles en disent long sur les niveaux de sécurité de nos entreprises. Nous nous agitons sur nos chaises en sautant comme des cabris en criant « cybersécurité », mais celle-ci n'advient pas. Pas plus que l'Europe dans cette phrase célèbre du général de Gaulle n'advient si des actes ne l'accompagnent pas.

Ces histoires disent nos failles, nos faiblesses, nos erreurs. Surtout, comme dans la célèbre BD des Pieds Nickelés, elles démontrent la mise en place d'un véritable système de débrouillardise plus que d'expertise. Et si la débrouillardise a du bon et engendre des choses positives, nous sommes désormais arrivés à un stade où l'expertise et la stratégie sont essentielles en matière de cybersécurité.

Une détection trop longue

Manque de compétences. Transfert des concepts de sécurité physique dans la sécurité informatique. Nombre d'entreprises ont fait appel à des personnes spécialistes de la protection des personnes physiques pour gérer au moins une partie de leur cybersécurité. Ce n'est pas leur faire injure que de dire qu'elles ne sont pas forcément les mieux placées pour gérer ce genre de questions. Bien au contraire.

Souvent, elles-mêmes se sentent en décalage et ne parviennent pas à remplir la mission qui leur a été confiée. Aujourd'hui, trop souvent, les entreprises agissent en confiant ce rôle à une personne sans lui fournir la formation nécessaire. C'est un vrai problème et l'une des raisons du retard que les entreprises françaises ont pris dans ce domaine de la sécurité informatique.

Si, collectivement, nous ne prenons pas la mesure réelle de cet enjeu, nous croiserons toujours des sociétés où la gouvernance reste faible.

Souvent, lorsqu'un président d'entreprise est vexé de voir que tous ses collègues ou ses administrateurs ont un iPad, un iPhone ou toute autre nouveauté technologique, il convoque son directeur informatique et lui enjoint de fournir le plus rapidement possible à l'ensemble du comité exécutif cette technologie. Problème : il est trop pressé pour accepter de « perdre du temps » en sécurisant ces objets. Résultat : s'affranchir des règles de sécurité existantes conduit à ce que, depuis un simple smartphone, on parvient à accéder à toutes les lignes de production de toutes les usines du monde en actionnant des robots… Cette histoire est vraie : elle est arrivée dans une très grande entreprise cotée en Bourse.

La litanie de ces histoires est longue. Ajoutons qu'il a été récemment possible à un employé d'un grand constructeur automobile de pirater les fichiers des ressources humaines pour s'augmenter. La détection de cette fraude a pris trois mois. *Idem*, toujours chez ce constructeur, les équipes d'audit interne ont découvert que de n'importe quel poste informatique connecté au réseau, il était possible d'envoyer un e-mail au nom du P-DG, vers les collaborateurs, mais aussi vers l'extérieur.

Ici, la découverte s'est faite en interne. C'est signe que des tests ont été effectués et que ceux qui les ont réalisés disposent du niveau d'expertise adéquat. Toutefois, ce genre de faille démontre clairement que la route est encore longue avant que la cybersécurité soit entrée complètement dans les mœurs des entreprises.

De fait, aujourd'hui, en moyenne, avant qu'une entreprise ne s'aperçoive qu'elle a été piratée et attaquée, il s'écoule 240 jours. Cette moyenne est celle des attaques dites APT (Advanced Persistent Threat) qui consistent pour le pirate à s'introduire dans un ordinateur qui sera connecté au réseau, d'obtenir des accréditations supplémentaires, puis petit à petit de faire sortir des informations stratégiques de l'entreprise. En 240 jours, il a le temps.

Cette technique dite du « cheval de Troie » a été notamment employée lors de l'affaire de l'espionnage d'Areva.

Dans le cadre du rapport sénatorial de 2012[1] de Jean-Marie Bockel, les dirigeants d'Areva et de l'Anssi (Agence nationale de la sécurité des systèmes d'information) sont revenus en détail sur le déroulé de l'attaque. Que peut-on lire dans ce document ?

« Areva avait été victime d'une intrusion informatique, menée grâce à un "cheval de Troie", qui a permis aux attaquants d'accéder à des composants de type bureautique du système d'information. En revanche, les systèmes industriels pilotant les activités sensibles des installations nucléaires n'ont pas été affectés, étant par ailleurs totalement isolés par conception et construction. Lors d'une deuxième phase, minutieusement préparée, les équipes d'Areva, de l'Anssi et de prestataires privés ont procédé à un vaste plan d'assainissement de l'ensemble des systèmes d'information du groupe. Au cours de cette phase couplée à une opération de maintenance planifiée, il a été procédé à la mise en œuvre d'un plan de renforcement de la sécurité des systèmes.

1. Le rapport sénatorial de Jean-Marie Bockel est disponible dans son intégralité ici : http://www.senat.fr/rap/r11-681/r11-6811.pdf

Dans les semaines qui ont suivi, des mesures de sécurité complémentaires de même nature que celles recommandées à Bercy ont été apportées. Elles ont entraîné une modification des habitudes des utilisateurs, mais la direction informatique du groupe, soutenue par sa hiérarchie, a su imposer les choix nécessaires. Au total, le coût pour l'entreprise de cette opération d'assainissement et de reconfiguration d'une partie de son système d'information a été de l'ordre de plusieurs millions d'euros, sans prendre en compte le préjudice économique éventuel résultant du vol des informations », détaille le rapport.

Dans ce cas comme dans les autres, ce qui est le plus frappant est que ce genre d'intrusion fait du « bruit », laisse des traces. Il faut donc 240 jours pour les détecter. Nous ne disposons pas des bonnes alertes en matière de sécurité informatique. Évidemment, ces alarmes ne font pas des bips, les choses sont un peu plus complexes à repérer. Ainsi, le système de surveillance ne va pas dire « attention, il y a un voleur dans la maison », il va souligner le fait qu'il « y a un faisceau d'indices très étranges sur le réseau ».

Utiliser des algorithmes pour lire les informations délivrées par les systèmes de surveillance

Toutes les attaques, tous les mouvements, toutes les activités de chaque composante du système sont toujours stockés dans les historiques des logiciels. Le problème tient au fait que l'ensemble des logiciels, serveurs, *firewalls* ou réseau d'une entreprise émet des milliers d'informations en permanence. La question est donc de savoir comment les lire et les analyser.

Et si le trop-plein nuisait à l'efficacité ? C'est tout à fait possible. Aux États-Unis, la ville de San Francisco au début des années 2000 a été en pointe dans la mise en place d'un colossal système de vidéosurveillance sur l'ensemble de la ville. Cet arsenal de caméras a permis de faire baisser la criminalité. Mais, aujourd'hui, la police et la mairie de San Francisco reviennent un peu sur cette stratégie. Ou du moins, elles l'amendent. Désormais, la ville et la police ont décidé de travailler avec Twitter pour analyser tous les tweets faits dans la zone géographique et concernant la ville. Cela pour ensuite les passer au peigne fin d'une solution algorithmique et pouvoir par exemple être alerté rapidement en cas d'incident. Science-fiction ? Parlons plutôt de futur proche. En 2002, Steven Spielberg, dans son film *Minority Report*[2], mettait en scène Tom Cruise en inspecteur de police du futur qui arrivait sur les lieux d'un crime avant que celui-ci ne soit commis. Cela, grâce à la technologie. *Idem* plus récemment dans un film publicitaire IBM intitulé *Predictive Police*[3] où le shérif arrive avant le cambrioleur d'une supérette grâce aux données et à leur analyse fine avec la solution IBM.

Digression cinématographique et publicitaire qui nous permet de revenir à notre question de la surveillance des systèmes de l'entreprise.

Les serveurs informatiques d'une entreprise sont comme un twittos qui twitterait dans des langues différentes en permanence. La solution algorithmique est l'un des leviers qui peuvent permettre de mieux entendre les alarmes lorsqu'elles sonnent. Elle permet de faciliter le travail humain en lui donnant des résultats déjà préanalysés de l'activité

2. *Minority Report* (2002), film de Steven Spielberg.
3. La vidéo du film IBM réalisé par l'agence Ogilvy est visible ici : http://uk.adforum.com/creative-work/ad/player/34474505

de ses serveurs. Comme si les tweets (c'est-à-dire ici les logs) avaient été passés au laser.

Dans un autre registre, c'est bien ce type de technologie que Google va utiliser pour tenter de devenir l'un des leaders de la santé. À terme, les objets connectés et les objets de santé connectés vont enregistrer l'ensemble de nos constantes, notre rythme cardiaque, etc. Un algorithme élaboré par le géant américain va analyser ces données et les mettre en corrélation avec ce que doivent être les constances normales d'un homme de tel âge et de tel poids. C'est ainsi que le corps médical espère pouvoir diagnostiquer des crises cardiaques avant qu'elles ne surviennent et mieux soigner les patients.

Dans la cybersécurité, l'analogie fonctionne. Les attaques sont comme des cellules cancéreuses. Elles sont tapies dans l'ombre mais font réagir les autres cellules à côté. C'est cette réaction qu'il faut être capable de percevoir, de comprendre et de prévenir.

Évidemment, devant autant d'anecdotes qui démontrent les lacunes actuelles dans tous les secteurs et dans tous les types d'entreprises, il est aisé de céder à la peur. Ce serait une erreur, car des solutions très simples existent pour renforcer ses défenses. Mais attardons-nous d'abord sur la question de la surveillance. Faut-il tout contrôler et tout surveiller ?

Cette question taraude un très grand nombre de chefs d'entreprise et de dirigeants. Étant donné que la menace peut être interne, la tentation de mettre en place un système de surveillance généralisé est grande. Mieux vaudrait s'engager sur la voie d'une confiance dans le contrôle.

Plus largement, cet enjeu de cybersécurité nous invite à faire des pas de côté qui vont nous permettre de repenser nos process et notre façon d'envisager la gouvernance des entreprises. Une forme nouvelle d'organisation, justement pour répondre au défi de la sécurité informatique, est cruciale. De même, pour relever ce challenge, il faudra évidemment réaliser des investissements. Enfin, il sera capital de mieux former les collaborateurs. Bref, la cybersécurité est, certes, porteuse de risques, de peurs et de problèmes. Mais elle est aussi une chance pour se transformer et s'améliorer. Une chance pour passer de la débrouillardise à la stratégie pleinement assumée par l'ensemble de l'entreprise et de ses partenaires.

CHAPITRE 7

La gouvernance circulaire : outil de protection

> « Quel est le meilleur gouvernement ? Celui qui nous enseigne à nous gouverner par nous-mêmes. »
>
> Johann Wolfgang von Goethe, écrivain.

« Il faut changer la gouvernance de l'entreprise. » Antienne ressassée ? Cliché éculé du management ? Vrai. Et pourtant... Aucune action efficace pour améliorer la gestion des cyberrisques ne pourra être négociée sans une réforme de la gouvernance.

On l'a désormais compris, la question de la cybersécurité est un sujet protéiforme, complexe et transverse à toutes les entreprises et toutes les organisations. Si une personne du comité de direction doit forcément être la personne référente en termes de gestion des risques, elle ne peut pas agir seule. L'omniscience d'une seule personne, grand manitou du risque, est un leurre. Dans tous les domaines, mais plus encore en matière de cybersécurité.

*Confier l'*ownership *de la sécurité de l'information à un membre du comité de direction*

En revanche, dans l'organigramme du comité de direction, une personne doit apparaître comme étant le référent. Il sera le responsable de la sécurité globale de l'information au sein de l'organisation. Mais pas le seul. C'est la première brique de la meilleure gouvernance de la cybersécurité. C'est en somme la reconnaissance du fait que gérer les risques et *a fortiori* les cyberrisques est un sujet à part entière. Évidemment, cessons de placer celui qui gérait la sécurité physique des personnes et des biens comme responsable de la cybersécurité. *Idem* pour le responsable informatique. Ce ne sont pas les mêmes métiers ni les mêmes compétences.

L'*ownership* de la cybersécurité, et plus largement de la sécurité de l'information, doit disposer de trois leviers d'action. La technologie qui sera supervisée par son responsable informatique. Le levier des ressources humaines pour qu'il puisse assurer la formation des salariés afin de leur expliquer et les rendre conscients de la criticité d'une information. Il devra également expliquer les risques à l'ensemble du personnel. Cela concerne tous les employés d'une entreprise. Le responsable de la sécurité de l'information doit aussi s'assurer d'avoir des relais de ces questions de sécurité dans chacune des entités de l'entreprise. Il doit les responsabiliser pour qu'ils puissent transmettre les mêmes messages que lui. Il doit évidemment faire en sorte que l'ensemble des collaborateurs reconnaissent la cybersécurité comme une discipline à part entière, capitale pour l'avenir de l'entreprise.

Enfin, et c'est la deuxième brique de la gouvernance saine de la cybersécurité, il est envisageable par exemple, de créer un comité de la sécurité de l'information qui reporte au comité exécutif de la société. Ce comité de l'information a plusieurs missions. Il doit évaluer de manière régulière et précise l'état de l'entreprise sur sa sécurité des informations en ayant une vision claire et affinée du périmètre de sécurité qu'il faut protéger. De plus, les membres de ce comité doivent piloter les risques et surtout analyser les incidents en les mettant en perspective. Enfin, et c'est certainement l'une des missions les plus cruciales : la définition précise d'une stratégie de cybersécurité.

Dès que ce comité existe, pilote, analyse et évalue les risques, alors il est capable de mettre en place sa stratégie. Avec cette vision d'ensemble, ce comité est capable de défendre des budgets et surtout, de justifier les investissements complémentaires. Le plus souvent notre expérience auprès des entreprises démontre qu'un manque cruel de fonds existe pour toute cette thématique du cyberrisque.

La cybersécurité coûte de l'argent... mais pas tant que ça

L'argent. Eh oui, l'argent. Comme toujours, c'est l'un des nerfs de la guerre. Si le *primus inter pares* et avec lui le comité exécutif de l'entreprise ne reconnaissent pas le fait que, pour améliorer la cybersécurité, il faut y consacrer une enveloppe budgétaire, alors la protection risque d'être faible. Très faible.

Partout dans le monde, toutes les entreprises souffrent d'une chose : le sous-investissement chronique en matière de cybersécurité. Il existe sur cette question une véritable schizophrénie des entreprises qui pensent toutes qu'elle constitue un enjeu et qui pourtant sous-investissent complètement le domaine. Pour des observateurs extérieurs, c'est assez peu compréhensible.

De même, si budget il y a et que l'on ne sait pas combien on dépense et sur quoi portent précisément les dépenses, alors il est d'expérience quasi certain que l'entreprise concernée gère mal ses risques.

Ainsi, gérer le cyberrisque est un métier, c'est l'une des actions qui vont permettre d'être plus performant demain. Mieux encore, en protégeant ses données les plus sensibles, l'entreprise prend soin de l'un de ses actifs les plus précieux. Évidemment, faire tout cela coûte de l'argent.

Pour figurer parmi les meilleurs et être bien armé pour se protéger des différentes attaques, il faut en moyenne consacrer 10 à 15 % du budget informatique global à sa cybersécurité et à sa gestion des risques. En deçà de 10 % du budget informatique, en général, la protection n'est pas complète.

Comme nombre de sociétés sous-investissent totalement ce domaine, elles ont des faiblesses majeures souvent méconnues.

« Il faut encore investir ? » La question forcément affleure. Le mécontentement aussi. La réponse est intéressante. Oui, il faut investir. Mais pas tant que cela. D'abord, la gouvernance et la mise en place d'un comité de pilotage de la sécurité de l'information ne sont pas ce qui coûte le plus cher. De plus, et c'est un point important, l'ensemble des différents *legacy systems* (systèmes historiques de l'entreprise) que l'on va pouvoir faire évoluer en les virtualisant dans des clouds privés ou des clouds publics vont avoir, du fait de cette virtualisation, des niveaux de dépenses opérationnelles moins élevés.

Il est possible de réduire sensiblement le niveau de budget informatique consacré aux opérations courantes. Pour être plus précis : l'informatique peut rendre des économies à l'entreprise en utilisant pleinement les nouvelles technologies. Ainsi, l'entreprise virtualise son infrastructure. Évidemment, cela induit de nouveaux risques qui vont eux-mêmes induire un besoin de renforcement de la sécurité. Ce besoin va pouvoir être satisfait grâce aux économies réalisées en virtualisant les infrastructures. Le cercle peut donc être vertueux.

Idem, l'expérience digitale va améliorer l'expérience client et la rendre plus efficiente pour l'entreprise. Ainsi, en optimisant au maximum le bénéfice des nouvelles technologies, à la fois pour le client et pour l'organisation de l'entreprise, alors on pourra renforcer sa sécurité sur l'ensemble des risques qu'ils soient nouveaux ou connus. Cercle vertueux toujours.

Vers une gouvernance circulaire

Reste à savoir comment mieux organiser l'ensemble de l'entreprise pour faire en sorte que le modèle que l'on défend pour la cybersécurité puisse irriguer l'ensemble de l'entreprise et de ses parties prenantes.

De fait, autrefois la gouvernance d'entreprise reposait essentiellement et exclusivement sur une hiérarchie verticale très *top-down*. Or, si celle-ci est remise en cause dans les différents modèles de management proposés aujourd'hui, elle est surtout globalement inopérante pour ce qui est de la gestion des cyberrisques. En effet, s'il faut un responsable de la sécurité de l'information, il ne doit en aucun cas être seul et, surtout, il ne doit en aucun cas asséner une vérité verticale qui ne tiendrait pas compte des remontées des équipes sur les initiatives mises en œuvre et sur l'état réel de la sécurité de l'entreprise. *Exit* donc la gouvernance verticale héritée d'un temps ancien où le digital n'avait pas rebattu les cartes de la hiérarchie.

Évidemment, l'idée qui vient ensuite à l'esprit est celle de la gestion horizontale des hommes et de ce type de sujet. Cette organisation horizontale a de très nombreux avantages pour la responsabilisation des équipes, pour leur motivation et globalement pour le vivre ensemble. Toutefois, ce n'est pas celle que nous recommandons pour la gestion des cyberrisques.

Afin d'améliorer la gestion des menaces, il faut innover, casser les codes et penser en dehors des schémas préétablis.

Aussi, pour bien gérer les risques et notamment les cyberrisques, il faut une approche qui fasse un pas de côté. Des différents enseignements que nous avons pu tirer de nos rencontres avec les entreprises qui nous ont demandé conseil dans la gestion de leur cybersécurité, il ressort qu'en matière de gouvernance, le plus efficace, le plus réactif, et le plus innovant est ce que j'appellerais une gouvernance circulaire.

Qu'entend-on exactement par gouvernance circulaire ?

C'est en fait assez simple. Dans l'entreprise l'un des membres du comité exécutif ou du comité de direction doit être le *primus inter pares* : celui qui sera en charge de l'ensemble de la stratégie de sécurité de l'information de la société. Il se placera au centre du cercle. Pour que la stratégie soit réellement partagée par tous, elle sera circulaire, en ce sens où le comité de la sécurité de l'information sera le premier maillon de la chaîne, qu'il irriguera vers les autres comités ou entités : finances, ressources humaines, commercial, communication, responsabilité sociale d'entreprise, etc. Chacune des entités appliquant un processus de sécurité identique, et chacun des services partageant son expérience avec les autres dans le but d'une amélioration globale du système de sécurité de l'entreprise.

Ainsi, non seulement, chacun applique les mêmes procédés de contrôle, d'évaluation et d'alerte, mais en plus, cette gestion circulaire permet une souplesse importante quant au choix des données à protéger. En effet, impossible de protéger de manière holistique l'ensemble des données.

Avec cette gestion circulaire et après que le comité de sécurité de l'information a formé tout le monde à la criticité des données et à leurs mécanismes de protection, alors chacune des entités peut choisir quels sont les éléments cruciaux à protéger, etc. *De facto*, chaque entité est responsable de la sécurité de ses propres données, le tout grâce à une harmonie globale.

En somme, si un seul des maillons fait défaut, alors c'est toute la chaîne qui se trouve exposée à une potentielle attaque.

En effet, une fois que l'attaquant est entré à un endroit, il peut atteindre les autres. C'est là tout l'intérêt de cette gouvernance circulaire. Tout le monde se nourrit des expérimentations, des repérages, des innovations et des alertes des autres, mais chacun a aussi une responsabilité propre. Le tout est harmonisé grâce à un cadre et une philosophie communs de la gestion des cyberrisques, des systèmes et des process d'alerte et des décisions à prendre en cas d'attaque. C'est aussi une excellente manière de mettre en place une gouvernance de la sécurité au plus près des opérations.

Évidemment, cette gouvernance circulaire constitue un effort supplémentaire pour l'entreprise. À court terme, il est forcément plus complexe de prendre en compte les expérimentations de chacun pour établir une stratégie. Asséner la stratégie de bas en haut est plus simple, plus léger et plus valorisant pour celui qui détient le pouvoir. Certes. Mais à l'heure actuelle cela n'est plus efficient pour la gestion globale d'une entreprise, encore moins dans la gestion de ses cyberrisques. Finalement, l'entreprise – surtout dans le domaine de la cybersécurité, mais *a fortiori* dans tous les autres pans de son activité – se doit désormais d'entrer dans l'ère du multilatéralisme.

En théorie des relations internationales, le multilatéralisme s'oppose à l'unilatéralisme. Il prend en compte le fait que plusieurs pays, de par leur histoire, leurs expériences différentes, et leurs intuitions peuvent apporter leur pierre à l'édification d'un monde plus sûr, plus humain et plus coopératif.

Si nous reprenions cette image pour l'appliquer à la gouvernance d'entreprise, nous pourrions affirmer que s'agissant de la gestion des cyberrisques, la circularité s'oppose à la verticalité en ce sens qu'elle permet de tirer profit des expérimentations de chacune des entités en fonction des risques qu'elles encourent et qu'elle permet aussi de protéger et défendre les spécificités de chacun. Le tout dans une volonté affirmée et globale de meilleure protection.

L'élaboration de la stratégie globale de cybersécurité n'est pas une vérité révélée, mais réellement le résultat d'un travail collectif. Évidemment, le responsable de la sécurité des systèmes d'information tranchera si survient un conflit ou un point d'achoppement émergent, mais il pourra se servir de la pierre apportée par chacun pour tailler la pierre commune. Voilà une démarche de gouvernance des risques, mais aussi de l'entreprise dans son ensemble qui permet d'impliquer tous les collaborateurs autour d'objectifs communs.

Si cela nécessite de la communication, des efforts et une organisation adéquate, le résultat est souvent, très souvent, au rendez-vous. Le secret de cette nouvelle gouvernance circulaire des risques n'est pas d'une grande complexité : il suffit de se lancer. Se lancer car, pour paraphraser Sénèque, philosophe stoïcien de la République romaine : « Ce n'est pas parce que les choses sont difficiles que nous n'osons pas, c'est parce que nous n'osons pas qu'elles sont difficiles. »

Gouverner correctement sa cybersécurité implique une démarche disruptive et participative. Il est plus que temps pour les entreprises de faire évoluer leur vision et d'investir pour être mieux protégées et donc plus performantes.

CHAPITRE 8

Comment évaluer sa propre sécurité ?

> « Le vrai génie réside dans l'aptitude à évaluer l'incertain, le hasardeux, et les informations conflictuelles. »
>
> Winston CHURCHILL, homme politique, Premier ministre britannique.

La mise en place de systèmes de surveillance et d'alerte, d'une gouvernance circulaire, ou encore d'une stratégie globale de cybersécurité ne suffit pas tout à fait. En effet, une fois que tout cela est défini, il existe forcément toujours des faiblesses et des vulnérabilités, des zones d'ombre qui peuvent induire un risque et donc faciliter une attaque.

Aussi, pour avoir un dispositif de cybersécurité complet et efficace, il est un point qu'il ne faut en aucun cas négliger : c'est celui du *check-up* et de l'évaluation continue de son périmètre de sécurité et de sa protection. Et, sur ce sujet de l'autoévaluation ou de l'évaluation, l'enfer est pavé de bonnes intentions.

L'évaluation de la sécurité doit impliquer toutes les parties prenantes

La première recommandation que les entreprises doivent avoir en tête peut sembler être une lapalissade. Et pourtant… Pour faire l'évaluation de son périmètre de sécurité et de sa protection, il faut confier celle-ci à des personnes qui ont le niveau de compétences requis. Facile à dire ? Peut-être. Pourtant, l'expérience montre que souvent, trop souvent, les évaluations sont faites en dépit du bon sens par des gens qui ne sont pas forcément compétents pour les effectuer. Quand ce préalable essentiel du niveau d'expertise capital de l'auditeur est établi, plusieurs autres recommandations peuvent voir le jour.

Dans la pratique, l'une des méthodes vertueuses d'évaluation est d'impliquer les différentes directions internes à l'entreprise (dans le cadre de la gestion circulaire) et des regards extérieurs. Les uns ayant une connaissance fine du problème, les autres arrivant avec un regard neuf.

Cette approche de *co-sourcing* est un excellent moyen pour faire fonctionner la circularité et pour impliquer l'ensemble des parties prenantes. De la direction informatique, en passant par la direction commerciale ou financière, sans oublier la direction des ressources humaines. Cela permet également d'établir clairement quel est le périmètre d'évaluation au sein de l'entreprise, mais aussi parmi ses partenaires.

C'est ainsi que l'on gagne beaucoup de temps dans la sensibilisation des différents collaborateurs et dans leur compréhension des différents scénarios d'attaque et d'évaluation.

En effet, c'est cette compréhension des scénarios d'évaluation qui leur permettra de bien toucher du doigt la nature de la menace.

Là encore, le facteur humain est crucial. Procéder à une évaluation sans impliquer les différentes parties prenantes est une limite. Les collaborateurs vont découvrir que des faiblesses existent sans comprendre en quoi elles sont facilitées lors du scénario d'attaque. Résultat : peu de chances qu'ils s'approprient les recommandations du rapport final. Encore moins de chances qu'ils portent correctement lesdites recommandations auprès de leurs équipes.

Troisième recommandation qui là encore va apparaître comme une lapalissade, mais qui est tout aussi cruciale. Une fois le rapport d'évaluation délivré et les préconisations d'amélioration de la sécurité posées, il est nécessaire de les appliquer.

En résumé : l'utilité d'un rapport de sécurité, ce n'est pas le rapport lui-même – contrairement à ce que pensent beaucoup de sociétés –, c'est ce qui va changer après la remise du rapport.

Malheureusement, dans beaucoup de cas, on prend conscience au travers du rapport de sécurité que des faiblesses existent mais, dans les faits, peu de choses changent réellement.

En somme, le commanditaire est satisfait. Il avait un doute, le rapport est venu le confirmer ou, plus rare, l'infirmer. Mais comme il n'a pas impliqué ceux qui disposaient des leviers lors de la phase de diagnostic et aussi celle de recommandations, le rapport s'assimile quelque peu à une incantation.

Souvent, lorsque l'on effectue un suivi d'un rapport douze ou dix-huit mois après, les constats sont assez identiques. Il ne faut alors pas être grand clerc pour comprendre que l'évaluation n'a pas impliqué les bonnes personnes dans l'entreprise et qu'au final, celle-ci a échoué. C'est actuellement le cas dans la moitié des entreprises rencontrées.

La bonne évaluation de sécurité mixe l'interne et l'externe

Autre recommandation à avoir à l'esprit : un check-up de sécurité est toujours plus efficace lorsqu'une compétence externe vient s'ajouter à des compétences internes. L'autoévaluation peut avoir de très grands avantages, mais elle peut aussi souvent tendre vers de l'autosatisfaction et conduire à se priver d'un regard neuf sur un sujet en perpétuelle évolution. Aussi, le principe d'une double opinion, d'un double regard sur ce sujet de la cybersécurité et de son évaluation est véritablement la bonne pratique à adopter.

Autre élément crucial : l'évaluation de l'ensemble du périmètre de sécurité. En effet, il ne s'agit pas seulement de faire l'évaluation des pratiques internes à l'entreprise, mais aussi des pratiques des partenaires de l'entreprise. Ainsi, pour établir un rapport d'évaluation complet, il est nécessaire d'évaluer la sécurité de l'ensemble des sous-traitants ou partenaires d'affaires qui sont de l'entreprise.

Résumons. Pour être efficiente, une évaluation doit être indépendante, sérieuse, rigoureuse et technique.

Dans un avenir pas si lointain, il n'est pas impossible que le niveau de cybersécurité devra répondre aux mêmes règles strictes, claires et déontologiques que celles qui régissent par exemple les états financiers. Ainsi, la question de l'évaluation de la sécurité devra forcément demain se professionnaliser encore plus.

La cybersécurité devient donc l'une des briques de base de tous les éléments de compliance qui se développent dans les entreprises. Difficile en effet d'imaginer qu'une société où les systèmes d'information sont ouverts, mal sécurisés, où il n'y a pas de traçabilité sur les modifications de données, puisse être « compliante » avec les nouvelles régulations.

De même, si l'on envisage le système d'information de l'entreprise comme étant très étendu et allant jusqu'aux partenaires et aux sous-traitants, il y aura une kyrielle d'informations à gérer. Aussi, gérer de manière raisonnée sa sécurité sera demain l'une des missions de toute entreprise. Autant prendre un temps d'avance et s'y mettre dès maintenant.

Demain, les clients, les fournisseurs, les employés, les pouvoirs publics qui sont en relation et en lien avec une entreprise la questionneront avec plus d'acuité qu'aujourd'hui sur la façon dont elle gère ses données et ses systèmes d'information.

Résultat : une autre tendance de fond qui existe déjà sur d'autres thématiques va s'appliquer à celle de la sécurité. Dans son évaluation comme dans sa pratique quotidienne, l'entreprise devra appliquer la transparence sur sa façon de gérer les questions de sécurité. Cela à la manière simple du « je dis ce que je fais et je fais ce que je dis ». Pour détailler, il s'agira donc de vérifier que les politiques de sécurité sont bien implémentées mais aussi d'être capable de les publier à la demande d'un nouveau partenaire ou d'une autre partie prenante.

Prévenir ses partenaires lorsqu'un incident survient

De même, transparence toujours : lorsqu'un incident de sécurité se produit, il doit absolument être communiqué à l'ensemble des partenaires car cela a potentiellement un impact sur leur propre sécurité. Sans cela, la confiance établie va s'émousser.

Surtout, cette communication est essentielle car, en cas d'incident de sécurité, ce sont les données des clients, des fournisseurs et de tous les autres partenaires qui peuvent être exposées. Eux aussi sont potentiellement impactés par l'incident.

Détecter et communiquer sur un incident de sécurité, c'est une démarche vertueuse. Critiquer les entreprises qui font état de ce type d'événement est une erreur, nous devrions plutôt les remercier car en faisant savoir qu'un attaquant a pu piller telle ou telle donnée, elles font de la prévention pour leurs clients, fournisseurs, sous-traitants et partenaires d'affaires. Clairement, la démarche est positive et vertueuse. En effet, nous l'avons vu, toutes les entreprises ont des incidents, or peu d'entre elles en font part pour prévenir leurs parties prenantes. Cette transparence est bénéfique et permet la mise en place de contrôles palliatifs.

Cet acte de transparence accompli, l'entreprise peut souffrir au niveau de sa réputation. Là encore, les choses vont probablement changer à l'avenir. En attendant, cette communication doit s'accompagner de la mise en place de mesures d'urgence simples. Puis, il s'agit ensuite de renforcer ses politiques d'évaluation et de cybersécurité et de les faire appliquer par les sous-traitants.

Ainsi, comme nous l'évoquions au début de ce chapitre, la gouvernance circulaire, le partage interne d'expérimentation et la mise en place d'une stratégie de cybersécurité ne suffisent pas. En complément, il nous faut évaluer et surtout faire évaluer régulièrement par un regard neuf nos protections.

De même, lorsqu'un incident survient, il ne faut pas en avoir honte. Communiquer dessus est un signe de maturité de l'entreprise. Surtout, c'est une façon de s'inscrire dans l'avenir. Avenir qui va voir la question de la sécurité devenir l'un des sujets de l'évaluation de la crédibilité d'une entreprise au même titre que son action pour le développement durable, pour l'égalité hommes-femmes ou pour la diversité. En effet, les entreprises sont parmi les plus grands possesseurs de données. Ces datas sont l'une des clés de l'économie de demain. Savoir concrètement les conserver et les analyser – la fameuse discipline du big data – sera l'une des clés de la réussite économique.

CHAPITRE 9

La cybersécurité : un métier à part entière

« Le vrai génie, c'est d'en donner aux autres.
Pour fonder une intelligence collective. »

Paul VALÉRY, poète et écrivain.

Lors de la coupe du monde de football, quand une équipe devient championne du monde, dans les tablettes de la FIFA (Fédération internationale de football association) sont inscrits les noms des vingt-deux joueurs qui ont fait le déplacement avec leur équipe nationale. Cela, même si, comme le troisième gardien, ils n'ont pas joué une seule minute durant la compétition. Façon de dire que leur rôle n'a pas été sans importance. Au contraire. Dans les coulisses, ces hommes de l'ombre ont souvent plus d'importance qu'on l'imagine. En 1998, lorsque la France remporte le trophée, tous les connaisseurs du sport savent par exemple que Lionel Charbonnier, troisième gardien des Bleus a été l'une des chevilles ouvrières de l'ambiance saine et détendue qui régnait dans le groupe. Digression ? Pas vraiment car, aujourd'hui, le rôle des spécialistes de la cybersécurité dans les entreprises est aussi souvent dévalorisé que celui des troisièmes gardiens lors d'une coupe du monde de football victorieuse. Tant que cela perdurera, les entreprises auront du mal à attirer les talents dans ce métier émergent.

Un nouveau métier qu'il faut appréhender différemment

Cette fonction n'est pas vraiment valorisée car il est difficile de l'appréhender et de la comprendre. Le Chief Information Security Officer (CISO) aide à atteindre un niveau de sécurité, normalement défini en concertation avec la direction générale. C'est complètement immatériel. Pis, on entend parler de lui seulement et uniquement lorsqu'il y a un incident important. Il se retrouve en première ligne, souvent en pleine crise. Pas le meilleur moyen pour susciter des vocations et du respect pour cette fonction au sein de l'entreprise.

Plus largement, tant qu'il n'y a pas de vision stratégique issue de la direction générale, les tenants de cette cybersécurité dans l'entreprise ne peuvent pas être valorisés. Surtout, ils ne peuvent pas faire correctement leur métier.

Si la direction générale ne marque pas son intérêt et ne montre pas que ces informations sont un actif stratégique et que donc le fait de ne pas avoir d'incident majeur est une chose cruciale pour l'entreprise, alors, en effet, le métier de CISO, n'est pas valorisé dans l'entreprise.

Évidemment, les objectifs de cette fonction sont difficiles à évaluer, puisque si la personne choisie est très compétente, alors il n'y aura pas d'incidents. En quelque sorte, il ne se passera rien. Bien plus difficile dès lors de faire reconnaître la qualité de son travail. Là où un commercial va pouvoir apporter des chiffres à l'appui de sa performance, le CISO, lui, s'il a fait une bonne année, pourra uniquement se prévaloir d'une absence d'incidents majeurs.

C'est dire. De fait, cette discipline de sécurité n'est pas encore assez reconnue dans l'entreprise comme un poste clé.

Le rôle des managers sur ce point est crucial. Le rôle du comité exécutif l'est tout autant. Pour attirer les talents, et les récompenser lorsqu'ils sont dans l'entreprise, il existe plusieurs clés.

Avant toute chose, les dirigeants d'une entreprise doivent poser un préalable simple : l'investissement dans le digital est l'une des priorités de l'entreprise. Une fois posé ce préalable, alors, les managers sont légitimes pour dire qu'ils veulent en parallèle de ces investissements cruciaux se prémunir contre les risques induits par cette nouvelle économie. Pour contenir ces risques à un niveau acceptable, ils sont prêts à investir mais, pour ce faire, il leur faut des professionnels. Ce discours de base est déjà fort. Non seulement, il inclut la dimension digitale et surtout pose un défi : comprendre, appréhender, gérer et protéger l'entreprise contre les nouvelles menaces.

En creux, cela veut dire que l'information interne comme externe est en passe de devenir l'un des premiers actifs de l'entreprise.

Aussi, celui qui est chargé de sécuriser cette information est désormais un homme clé et son rôle est stratégique pour la structure. Le CISO ne doit plus jamais être considéré comme une sorte de garde-barrière qui administre les *firewalls*.

Et si les CISO se pensaient comme des guides numériques ?

Évidemment, ce mouvement, ce changement de mentalité et de perception, ne peut pas se faire du jour au lendemain. C'est un processus de moyen terme qui implique la mise en place de différentes actions.

D'abord, le premier conseil serait pour les hommes de l'art eux-mêmes. Pour favoriser le changement de regard sur leur métier, ils doivent changer de paradigme pour expliquer comment, grâce à une bonne cartographie des données, grâce à une bonne compréhension des risques, ils vont être des facilitateurs de l'innovation.

C'est parce que l'on aura une bonne compréhension des risques que l'on sera capable d'en prendre. Les CISO seront des accompagnateurs dans la prise de risque. Comme un guide de montagne qui emmène des marcheurs sur une ligne de crête : il va leur donner des conseils, les laisser avancer par là ou par ici, puis il va aussi leur fixer des limites. Ainsi, le risque résiduel ne sera jamais égal à zéro, mais les plus grosses erreurs seront évitées. Le CISO doit donc se vivre comme un guide et non comme un censeur. Ils sont certainement les nouveaux guides dans le monde digital.

L'entreprise elle-même, dans sa politique de ressources humaines, mais aussi dans la mise en place de la gouvernance circulaire de la cybersécurité va aider à opérer ce changement de perception et de regard sur les CISO.

Dans le même ordre d'idées, les ressources humaines et les managers ont un rôle clé dans la définition de la sécurité comme une priorité de l'entreprise, mais aussi dans la diffusion des bonnes pratiques à appliquer pour éviter les problèmes.

D'abord, les ressources humaines doivent notamment définir ou compléter une charte des droits et devoirs de la sécurité de l'information en entreprise.

De même, puisque la pédagogie relève de la répétition, les ressources humaines peuvent mettre en place des formations continues.

Et, demain, pourquoi ne pas imaginer une sorte de permis d'« utilisation des systèmes d'information » pour chaque collaborateur en fonction de règles établies et claires.

Formation, contrôle et formalisation de cette nouvelle donne. Dans la transparence.

Autre mission des ressources humaines et des différents métiers de l'entreprise : savoir attirer les talents.

Ce métier dans sa dimension stratégique est relativement nouveau et il n'est pas exactement comme les autres. Ses résultats ne sont pas quantifiables, et pourtant ils sont plus que stratégiques pour l'entreprise. Pour attirer les talents, il faut d'abord tout simplement affirmer et reconnaître qu'être capable de protéger les données stratégiques d'une société est un métier à part entière et que c'est un talent. La politique des ressources humaines à l'extérieur de l'entreprise doit démontrer cela. En montrant à l'extérieur cette prise de position, en la faisant connaître, on sensibilise les talents potentiels.

Attirer les talents, façonner leurs compétences

Pour amplifier la reconnaissance de ce talent, admettons qu'il ne s'agit pas d'un recrutement lambda. Il faut souvent sortir des grilles de rémunération et définir un type de carrière modèle. Cette question du modèle d'évolution et de carrière est cruciale. Le rôle de l'entreprise et de ses ressources humaines envers ce métier spécifique est de créer des perspectives. Des perspectives qui peuvent notamment passer par une réelle ouverture de ces profils vers l'international, mais aussi vers le travail multiculturel et collaboratif avec des partenaires.

Les systèmes de sécurité du futur restent à inventer. C'est un beau défi pour ceux qui voudront se lancer dans ces métiers. Encore faudrait-il que les formations initiales, mais aussi continues existent réellement et soient efficaces.

Dans l'entreprise, il faut une volonté, et surtout du bon sens. Encore et toujours.

Aussi, si l'on reprend l'acronyme APT (Advanced Persistent Threat) de ces attaques si ennuyeuses, on peut retenir trois idées sur ce qu'il convient de faire pour insuffler une culture continue de la cybersécurité.

Le A de APT pourrait nous rappeler, qu'il faut Avertir et informer ses utilisateurs des risques liés à l'ingénierie sociale et aux mails. L'ingénierie sociale, par exemple. Si simple et si connue. Et pourtant, trop souvent, elle permet aux attaquants de s'introduire dans les systèmes, d'obtenir par téléphone des renseignements confidentiels, et au final de perpétrer une attaque sans que l'entreprise s'en aperçoive.

Aussi, il convient de former les salariés à reconnaître ce qui peut être une tentative d'ingénierie sociale. On s'aperçoit fréquemment que les règles de base ne sont pas connues.

Ainsi, par exemple, en dispersant des clés USB dans le parking d'une entreprise, à côté des véhicules des personnes les plus importantes de la société, on parvient, 9 fois sur 10 à pirater le réseau et à piller de l'information stratégique. Comment ? Tout simplement, pace que les gens ramassent la clé USB, la connectent à leur poste de travail pour voir ce qu'il y a dessus. Et là, c'est terminé. Dès que la clé est connectée, dans de nombreux cas, on peut réussir à entrer sur le réseau. Il n'y a plus qu'à se faufiler jusqu'aux données les plus critiques.

C'est cela l'ingénierie sociale : en dispersant les clés, on mise sur le fait que les employés dans leur ensemble ne sont pas conscients du risque qu'implique la connexion d'un élément extérieur à un réseau.

L'autre valeur à inculquer dans l'entreprise est celle de la prévention. Ainsi le P de APT pourrait être le P de Prévenir. Prévenir tout incident en équipant ses infrastructures de systèmes de protection et de supervision.

Enfin, faire de la cybersécurité un métier, c'est aussi utiliser le T de APT. T pour Traiter avec la même priorité et le même sérieux chaque incident. Quelle que soit sa nature.

C'est ainsi que l'on inculque la culture de l'apprentissage continu des enseignements d'une attaque. C'est ainsi que l'on peut faire des CISO les guides qu'ils doivent devenir. En remontant le fil d'un incident, ils pourront être les vecteurs d'une culture de sécurité dans les différentes entités de l'entreprise.

Enfin, chacun doit aujourd'hui comprendre que cette fonction sera peut-être un jour aussi importante pour une société que celle de directeur financier. Sans cette fonction bien définie, bien reconnue par l'ensemble des collaborateurs et bien mise en valeur, alors, clairement, l'entreprise aura des difficultés pour atteindre ces objectifs de sécurité.

À ce stade de notre développement, inutile de rappeler à quel point une faille de sécurité peut être préjudiciable non seulement au business, mais aussi à l'image et à la réputation d'une société. Il est plus qu'urgent pour les entreprises de mettre en place des actions pour reconnaître cette fonction.

Être un guide et transmettre du savoir aux autres : quoi de plus noble ?

CHAPITRE 10

Quid des PME ?

> « La taille ne fait pas tout. La baleine est en voie certaine de disparition, alors que dans le même temps, la fourmi se porte à merveille. »
>
> Bill Vaughan, journaliste, éditorialiste, et écrivain.

Si d'aventure vous vous retrouvez en face d'une pierre très rare mais petite et devant un amoncellement de pierres très belles, moins rares et plus protégées, que choisiriez-vous ?

De même, entre la grandeur, la force, l'athlétisme et la puissance d'un Goliath ou l'agilité et la ruse d'un David, quelles compétences privilégierez-vous ?

Dans ces deux cas, il y a fort à parier que votre choix se tournera soit vers la petite pierre rare, facile d'accès, soit vers les compétences de

David. Métaphore artificielle ? Absolument pas. En effet, au moment de procéder à son attaque et de choisir quelles sont les données qui vont lui rapporter le plus, que va faire un attaquant ? Il va procéder à un calcul risque/avantage. Avant de s'attaquer à Fort Knox, il choisira certainement une cible plus accessible. Façon de dire qu'entre le piratage d'un grand groupe industriel international spécialisé et celui d'une entreprise de taille intermédiaire très innovante qui possède des tas de brevets, il choisira sans aucun doute, l'entreprise de taille intermédiaire, surtout si elle est mal sécurisée.

Small is beautiful

La question de la cybersécurité est donc aussi cruciale dans une PME que dans un groupe du CAC 40. En somme, un patron de PME ne peut plus aujourd'hui traiter la question de la sécurité d'un revers de main en disant : « Cela ne me concerne pas, personne ne va m'attaquer. »

Reste à savoir quelle méthode il faut employer pour bien se protéger lorsque l'on est dans une entreprise de taille intermédiaire.

Le premier réflexe pour un patron de PME est de prendre réellement conscience de ce qu'est la valeur ajoutée réelle et « secrète » de son entreprise. Est-ce un savoir-faire ? Une idée ? Une organisation ? Bref, quel est l'élément qui lui permet d'être réellement performant et de se différencier des autres ?

Ensuite, il est important de respecter certaines recommandations assez simples.

Souvent, le dirigeant seul détient l'ensemble des informations confidentielles de la société. Il lui faut augmenter sa protection en utilisant par exemple des disques durs cryptés qui ne sont reliés à aucun réseau si l'information est hautement confidentielle.

Autre idée : faire en sorte d'échanger des informations même banales dans des espaces où figurent des données plus importantes encore. Qu'est-ce que cela veut dire concrètement ? Simple exemple : au moment de choisir un serveur de messagerie de mails, ce dirigeant a tout intérêt à souscrire à un grand service de messagerie (Yahoo, Google ou autre). En effet, dans la masse immense de mails échangés *via* ce client de messagerie, il faudra du temps avant que quelqu'un ne le trouve et puisse ainsi pirater sa boîte mail. Cela s'apparente clairement, pour une PME, à une dilution de l'information.

En clair, diluez l'information en la stockant dans une très grande masse de données.

Dans le même ordre d'idées de recommandations de base qui sont efficaces : faire en sorte de mettre le moins d'informations possible dans un réseau informatique. Nous l'avons vu, les attaquants entrent dans les systèmes justement grâce à Internet et aux réseaux. Être une entreprise de taille intermédiaire permet parfois de se passer de ce genre d'outil pour les informations stratégiques et ultraconfidentielles. Il serait dommage de s'en priver.

Par ailleurs, là encore, cela peut s'apparenter à un conseil de bon sens, même s'il est de fait un brin disruptif. Il pourrait se résumer ainsi : à l'heure du 3.0, utilisez du papier ! En effet, pourquoi ne pas laisser les informations stratégiques sur du papier qu'une seule personne clé possède ? Évidemment, cela n'est valable et utile que pour l'information hautement confidentielle. Plus extrême encore lorsque l'on est dans cette configuration d'entreprise : ne pas matérialiser du tout les informations cruciales.

Ces idées ne sont pas des vues de l'esprit. Quand un grand équipementier sportif s'est aperçu qu'il était espionné, il a décidé de procéder – entre les membres du comité exécutif – par codes. Ces codes lui permettaient de fixer des rendez-vous ou même de déterminer des stratégies. Efficace.

Autre outil de bon sens : les brevets très confidentiels n'ont aucun intérêt à traîner sur un réseau informatique quel qu'il soit. *A fortiori* quand l'entreprise est de taille intermédiaire.

Plus largement, le chef d'entreprise de PME doit posséder – nous l'avons dit – au minimum un disque dur crypté dans lequel, il enregistre les informations stratégiques, et s'assurer de ne pas échanger par mail des informations cruciales.

Lorsqu'il a besoin de choisir un partenaire, il faut obtenir de lui un niveau de sécurité adéquat.

Comment peut-il y parvenir ? Le dirigeant peut demander les certifications de l'entreprise. Puis, il doit aussi le contractualiser. De même, pourquoi ne pas faire vérifier cela de temps à autre par un tiers, spécialisé dans les questions de cybersécurité ?

En appliquant ces quelques règles de base, le dirigeant prend de l'avance sur l'attaquant potentiel. Surtout, il n'expose pas ce qui fait sa richesse. En effet, si un piratage a eu lieu pour le compte d'une grande entreprise étrangère et que le brevet a été pillé, il est trop tard pour se défendre. Le poids juridique d'une PME française face à un géant étranger est faible. Raison de plus pour se protéger, grâce à quelques recommandations simples et de bon sens.

En résumé, ce n'est pas parce que l'on est petit que l'on ne sera pas attaqué. Bien au contraire. C'est justement cette petite taille, l'innovation et l'agilité qui peuvent attirer les attaquants. De fait, c'est bel et bien le degré de criticité de l'information que l'entreprise détient qui en fera ou non une cible. Ainsi, la taille, le chiffre d'affaires ou encore le nombre de salariés n'entrent pas réellement dans le calcul des attaquants.

La taille n'a plus d'importance

Cet état de fait renverse nos croyances. Historiquement, dans l'ancienne économie, nous raisonnions en fonction de la taille de l'entreprise. Avait-elle une taille assez critique pour être intéressante était la question que l'attaquant potentiel pouvait se poser. L'Internet, la technologie et la nouvelle économie ont également rebattu les cartes de ce point de vue-là. Fini le temps où la valeur d'une entreprise ne se mesurait qu'à l'aune de ses résultats, de son nombre de salariés, ou encore de son nombre de sites industriels.

Ainsi, quels que soient la taille et le périmètre géographique de l'entreprise, Internet fait que son exposition est *de facto* mondiale. Résultat, là où hier un dirigeant de PME pouvait largement considérer la question de sa sécurité informatique comme secondaire, il doit aujourd'hui, lui aussi, en faire l'une de ses priorités, y être sensibilisé et y sensibiliser ses propres collaborateurs.

Notre propos est finalement assez simple. Lors de rencontres avec des dirigeants de ce type d'entreprise, souvent, leur réaction lorsque nous les interrogeons sur la cybersécurité est la même. Non seulement, ils insistent pour faire comprendre à leur interlocuteur que cela ne les concerne absolument pas et surtout qu'ils n'ont aucun budget à y consacrer.

Or de nombreuses start-up françaises existent et planchent actuellement sur des innovations très révolutionnaires. Certaines qui sont sûrement les pépites de demain tentent par exemple d'inventer le film de protection pour iPhone qui sera en même temps une batterie à énergie solaire, d'autres s'efforcent d'élaborer de nouvelles sortes de piles, etc. Elles sont les cibles privilégiées des attaquants.

Aussi, oubliant cela, les entreprises de taille intermédiaire se retrouvent régulièrement dans des situations rocambolesques. Récemment, s'est présenté le cas d'une entreprise familiale qui venait de concevoir un nouveau procédé industriel. Ses responsables se sont rendu compte que tout ce savoir-faire ne disposait d'aucune protection. Il était pourtant le fruit d'années d'investissement et d'expérimentation. Cela aurait pu mal se passer pour eux.

Des situations qui ne sont d'ailleurs pas sans rappeler l'exemple, célèbre en intelligence économique, de la dentelle de Calais.

Nous sommes en 2005, les renseignements généraux du Nord-Pas-de-Calais décident d'alerter la direction centrale du renseignement intérieur. Dans cette alerte, un fait : de nombreuses entreprises chinoises démarchent des artisans locaux pour tenter d'acquérir leur métier à tisser.

L'information, à peine arrivée au siège parisien, fait boule de neige.

En effet, si les entreprises chinoises parviennent à faire l'acquisition de ces machines à tisser – grandes comme des orgues d'église –, c'est la porte ouverte à la production en très grande série et à prix cassés d'une dentelle *made in China*. Évidemment, si cela advenait, de nombreux emplois dans le Nord-Pas-de-Calais seraient alors menacés. Certains, à l'époque, chiffrent la menace à quelque

1 600 familles qui vivent directement ou indirectement grâce à ces fameux métiers à tisser.

Résultat, les renseignements généraux et le ministère de la Défense se concertent et ont une idée. Celle de faire classer au patrimoine culturel les métiers à tisser et ainsi en limiter, voire en interdire de fait la vente. La manœuvre a fonctionné. Grâce à cette intervention des pouvoirs publics, l'attaque – physique celle-ci – a été déjouée.

Au-delà de l'anecdote, trois enseignements : qui aurait pu penser que le métier à tisser de Calais était une pépite qui pouvait intéresser les grandes entreprises textiles chinoises ? Cet intérêt démontre clairement que l'intelligence économique, l'espionnage, le piratage peuvent concerner les petites entreprises et les artisans.

Deuxièmement, cet épisode montre aussi à quel point, parfois, les dirigeants de ces entreprises de taille intermédiaire ne se rendent pas du tout compte de ce qui fait la valeur de leurs entreprises.

Enfin, troisième enseignement de cette histoire de Calais : souvent, très souvent, le recours aux pouvoirs publics et à la puissance d'un État pour contrer une tentative d'attaque qu'elle soit physique ou numérique, est la meilleure de toutes les solutions possibles. Leur puissance, leur savoir-faire sont tels qu'ils peuvent déjouer une attaque réelle, ou pis une potacherie en quelques heures (voir chapitre 11).

Les petits contre les grands, David face à Goliath : le sujet est vieux comme le monde… Les contes, de Tom Pouce à Kirikou – « qui n'est pas grand mais qui est vaillant » – regorgent de cette sempiternelle opposition.

Fallait-il vraiment consacrer un développement particulier aux entreprises de taille intermédiaire ? Oui, sans hésiter. Pour marteler une conviction forte : la cybersécurité n'est plus le fait de quelques entreprises. Elle est le fait de tous et toutes. Petites, grandes, moyennes, du bâtiment ou de l'industrie aéronautique, elles sont toutes concernées par une attaque potentielle pour une seule et unique raison : les données. Les données utilisateurs qu'elles collectent, mais aussi, évidemment les données de l'entreprise elle-même.

Dans cette nouvelle économie qui se dessine, la taille n'est plus une valeur en soi. Mieux vaut collecter des données et surtout connaître ses propres informations stratégiques. Petit, grand ou moyen, ce qui compte désormais et en priorité : c'est la criticité de vos informations et la façon dont vous êtes capable de les protéger.

CHAPITRE 11

Soigner ses relations avec les pouvoirs publics

« En matière d'État, il faut tirer profit de toutes choses, et ce qui peut être utile ne doit pas être méprisé. »

RICHELIEU,
cardinal et homme d'État français.

« Le prévenu dans l'affaire de l'attentat du Thalys était connu de nos services et avait fait l'objet d'une fiche S », déclarait Bernard Cazeneuve, ministre de l'Intérieur quelques jours après le drame. Comme lors des autres épisodes terroristes de cette année 2015, le même constat. Les auteurs étaient connus des services, étaient même fichés et suivis pour certains. Signe que les États, même s'ils parviennent à collecter des informations, à dresser des portraits, à souligner des parcours, et surtout à enrayer beaucoup de projets d'attentat, ont devant eux des enjeux évidemment majeurs en matière de sécurité. La faute à une menace asymétrique et diffuse, de plus en plus complexe à appréhender. Avec leurs moyens, les États déjouent des tentatives d'attaques physiques et virtuelles tous les jours. Et pourtant, les systèmes d'alerte sont très complexes à mettre en place et nécessitent beaucoup de moyens techniques et humains. Le sujet de la cybersécurité est très proche de ces caractéristiques.

Le risque de vouloir se faire justice soi-même

La menace est diffuse, protéiforme et difficilement identifiable. On ne sait pas qui est réellement l'ennemi, il prend plusieurs formes, plusieurs visages et peut agir n'importe quand. À cela s'ajoute l'effet de l'invisible. Quand un danger n'est pas vraiment matérialisable, alors il est beaucoup plus difficile de se mobiliser pour le contrer. Le cyberrisque, comme la pollution, est une cause pour laquelle il est complexe de rassembler les gens. Simplement car ils ne voient pas de manifestation physique du danger. *A contrario*, avec ce type de risque, il est aisé de créer un effet de panique. Souvenez-vous du fameux bug de l'an 2000 où l'inconnu et le danger potentiel ont engendré beaucoup de postures irrationnelles. Bref, en matière de cybersécurité, entreprises, États et particuliers avancent tous sur une ligne de crête escarpée.

Des sources d'attaques de plus en plus nombreuses et de moins en moins identifiables. Cela nous rappelle quelque chose ?

Évidemment, les entreprises, vos entreprises, nos entreprises vivent, en quelque sorte, la même chose.

Elles se retrouvent aujourd'hui face à des mafias, des voyous qui utilisent des méthodes proches du terrorisme.

Déjà dans le rapport sénatorial de 2012, les sénateurs expliquaient à quel point des « États voyous » étaient aujourd'hui capables de payer des mafias pour effectuer de l'espionnage industriel à grande échelle. En gros, tout se passe comme si désormais, au lieu d'être chacun cantonné dans un univers – celui des États et du terrorisme, et celui de l'entreprise et de ses concurrents –, l'ensemble de ces acteurs étaient tous réunis, concurrents les uns des autres, à la fois proies et cibles.

Face à ce nouvel état de fait, il y a deux solutions. Faire confiance à la puissance de l'État ou alors tenter de se faire justice soi-même en débusquant les attaquants qui veulent piller certaines informations.

De prime abord, la seconde solution est la plus optimale. Elle permet de cacher au monde extérieur le fait que l'on a été victime d'une faille de sécurité. C'est dans 100 % des cas une erreur.

Souvenons-nous un instant de Renault. Nous sommes au tout début de l'année 2011, le 5 janvier pour être précis. L'affaire d'espionnage éclate. Trois cadres hauts dirigeants du constructeur automobile sont soupçonnés d'avoir fait sortir des informations stratégiques pour les vendre à la Chine. Évidemment, c'est le branle-bas de combat. Les trois cadres sont licenciés et la piste chinoise est traquée par une sorte de police parallèle, où Renault joue un rôle central. C'est l'acte 1 de l'affaire.

Assez rapidement, alors que les trois protagonistes ont été licenciés, la piste de l'espionnage industriel chinois s'estompe petit à petit. La DCRI (Direction centrale du renseignement intérieur), finalement et tardivement saisie de l'enquête, oriente ses recherches vers l'hypothèse d'un règlement de comptes interne. Grave, certes. Mais beaucoup moins qu'une hypothétique filière d'espionnage industriel pour le compte des Chinois.

Le troisième acte démarre. Les preuves n'existent pas. Le 14 mars 2011, au journal de 20 heures, sur TF1, le P-DG de Renault, fait marche arrière et reconnaît qu'espionnage il n'y a jamais eu et qu'il va recevoir très rapidement les cadres licenciés. Trois mois après l'éclatement de l'affaire, et à peine quelques jours après que la DCRI s'en est emparée, la situation est diamétralement opposée à celle décrite initialement par l'entreprise et dont elle a voulu se sortir seule. Le propos, ici, n'est pas de jeter la pierre à ce constructeur, bien au contraire. Il est plutôt d'apprendre et de tirer des enseignements pour mieux appréhender ce genre d'incidents.

Dans le cas d'espèce, un incident de sécurité est apparu. Il a été vraisemblablement le fait d'un attaquant interne. Au moment de la découverte, Renault décide de tenter de résoudre cela tout seul grâce à des moyens d'enquête privés. Dans cet ouvrage, nous avons largement insisté sur le fait que tout le monde était exposé à une menace et que tout le monde possédait des failles de sécurité. Là n'est donc pas le souci. Le hiatus dans cet épisode n'est pas la faille elle-même, mais bien la décision qui est prise à la suite de la découverte du problème. À la force de frappe de la puissance publique, on a préféré une solution solitaire privée.

Voilà donc la recommandation : dès la mise au jour d'une faille sérieuse et alors que l'on ne parvient pas à identifier très vite la provenance de l'attaque, il y a un réflexe à avoir. Sans hésiter : contacter l'Anssi (Agence nationale de la sécurité des systèmes d'information). Non seulement cet organisme a des moyens qu'aucun enquêteur privé ne peut fournir mais, en plus, il est très enclin à aider les entreprises dans ce genre de situations. Le solliciter permet souvent de résoudre un problème en quarante-huit heures seulement.

Et si les entreprises et les pouvoirs publics avançaient ensemble ?

Clairement, à l'heure actuelle, un dirigeant d'entreprise ne peut plus faire l'économie d'un lien avec les pouvoirs publics. Du moins, s'il ne s'agit pas de solliciter les pouvoirs publics pour élaborer la stratégie globale de sécurité, il convient de les informer de cette stratégie, mais aussi et surtout d'entretenir des relations continues avec eux pour, le cas échéant, savoir à qui s'adresser. Enfin, évidemment, les services de renseignement doivent être intégrés dans la boucle dès qu'un incident très sérieux survient et qu'il convient de traquer un attaquant et de bien déterminer d'où vient l'attaque.

Aussi, notre propos est simple : il n'est plus vraiment possible dans ce monde complexe avec des menaces de plus en plus complexes elles aussi, de laisser les entreprises et les pouvoirs publics s'ignorer. Pour mieux faire face au cyberrisque, l'État et les entreprises doivent collaborer. Doivent s'entraider pour savoir quels sont les risques, quelles sont les menaces et les vulnérabilités.

Ainsi, l'entreprise n'a aucun intérêt à se passer du regard des pouvoirs publics. De même et en miroir, les pouvoirs publics, actuellement, ne peuvent faire l'économie d'une réflexion politique stratégique sur ce qu'il convient de faire en amont pour protéger les pépites nationales et pour les sensibiliser à cette question. En aval, il leur appartient d'apporter un soutien humain et logistique pour la résolution d'un incident et de faire en sorte de savoir si une attaque isolée peut ou non faire partie d'un plan plus large d'une mafia ou d'un État étranger. Bref, la collaboration est un atout pour chacune des deux parties.

Ce n'est d'ailleurs pas un hasard si, en mars 2015[1], le gouvernement dirigé par Manuel Valls a établi une liste de 218 entreprises stratégiques sur les questions de cybersécurité. La liste nominative de ces organisations, définie par l'État, est tenue secrète pour des raisons évidentes de confidentialité. Mais, on en connaît le nombre puisque ce sont 218 « opérateurs d'importance vitale », dont l'activité a été jugée stratégique pour la nation : opérateurs télécoms ou de transports publics, réseaux d'énergie, grandes banques, ministères régaliens, santé publique…

Ces entreprises et administrations doivent satisfaire à des règles contraignantes mais nécessaires de sécurité. La crainte du gouvernement est simple : voir des informations cruciales pour la défense nationale ou pour l'économie s'en aller vers d'autres pays ou, plus fort encore, il redoute par exemple une panne généralisée des réseaux télécoms ou d'électricité.

Résultat : les entreprises ainsi désignées dans la loi de programmation militaire doivent remplir de

1. La liste des 218 entreprises stratégiques expliquée par BFMTV.com (http://bfmbusiness.bfmtv.com/entreprise/cybersecurite-218-entreprises-et-administrations-sous-pression-873191.html).

nombreuses obligations. Souvent de bon sens et qui correspondent, comme nous l'avons développé tout au long de ce livre, aux règles de base de la cybersécurité.

Par exemple, il leur est imposé de faire réaliser des contrôles de sécurité par des opérateurs extérieurs très régulièrement. Elles doivent également installer des logiciels performants qui détecteront les intrusions externes.

Le dispositif leur impose également de notifier immédiatement aux autorités le cas d'une intrusion externe. Plus question de garder cela pour soi comme un secret honteux.

Après cette information au gouvernement, les organisations désignées devront ouvrir l'ensemble de leur réseau informatique aux spécialistes de la sécurité de l'Anssi qui dépend directement du Premier ministre.

« Il s'agit surtout, lorsqu'une attaque informatique a été constatée dans une société, d'organiser une défense collective des acteurs du même secteur d'activité, pour vérifier qu'ils n'ont pas été victimes du même type d'intrusion », expliquait en mars Guillaume Poupard, directeur général de l'Anssi, à BFM TV.

Organiser une défense collective. Voilà donc l'objectif. Cela concerne 218 organisations de manière obligatoire.

Et si l'idéal était d'appliquer toutes ces « contraintes » réglementaires alors même que l'on n'est pas listé parmi les 218 organisations stratégiques ? Ces recommandations sont des éléments cruciaux dans une gestion rigoureuse et surtout efficiente des cyberrisques.

Cette relation avec les agents de l'État au moment de l'incident, ne doit pas faire l'économie de la relation avec les pouvoirs publics avant la survenance de celui-ci. Aussi, évidemment, l'entreprise et son responsable de la sécurité doivent connaître et se faire connaître auprès des personnes clés qui, au sein de chaque agence gouvernementale, pourront intervenir efficacement le jour de l'attaque.

Si la France vient encore de renforcer l'importance donnée aux sujets de cybersécurité en édictant ces règles, elle n'est pas le seul pays à faire de cette thématique l'une de ses priorités.

Deux autres pays sont à la pointe de l'investissement concernant la cybersécurité. Ainsi, par exemple, Israël a fait de la cybersécurité une véritable cause nationale. Les entreprises de ce pays de

8 millions d'habitants pèsent pour 10 % du marché international de la cybersécurité. Israël est en passe de devenir une « cybernation ». En cinq ans, le nombre d'entreprises ayant breveté ou commercialisé un service de cybersécurité a doublé. Elles sont actuellement aux alentours de 500 sur le territoire de l'État hébreu.

Il faut dire que la situation de cet État a peut-être appris à Israël à essayer d'avoir toujours un temps d'avance dans les questions de défense.

Aussi, c'est en Israël, en 1994, qu'a été inventé le pare-feu informatique par la société Check Point, devenue un poids lourd du secteur. Gil Shwed, son fondateur, s'était frotté aux technologies lors de son service militaire obligatoire au sein du corps d'élite consacré au renseignement électronique. La formule a fait des émules, et on ne compte plus les anciens conscrits reconvertis en ingénieurs high-tech, spécialistes de la cyberprotection.

Logiquement, ces savoir-faire réels qui font la différence dans notre économie aujourd'hui apportent des succès commerciaux. En effet, en 2014, huit sociétés israéliennes spécialisées dans la cybersécurité ont été revendues pour plus de 700 millions de dollars !

Aujourd'hui, partout en Israël, nombreuses sont les entreprises qui s'implantent et décident d'inventer les protections de demain.

Dernière actualité en date des entreprises israéliennes : la vente de la start-up CyActive à l'Anglais Paypal pour 60 millions de dollars. CyActive a inventé un concept très intéressant : celui d'un algorithme qui prédit l'évolution des logiciels malveillants en fonction des attaques déjà survenues. « Notre logiciel s'apparente en quelque sorte à un vaccin que l'on a préparé en prévision de l'apparition d'une nouvelle forme de grippe », déclarait dans une enquête très fouillée du quotidien *Le Monde* Liran Tancman, le fondateur[2].

Cette activité d'Israël sur cette question de la cyberdéfense s'explique *de facto* par trois raisons. D'abord, le pays a un besoin critique d'outils de défense, ensuite, ses formations d'ingénieurs sont adaptées aux nouveaux besoins du marché. Cela crée des débouchés industriels réels, ainsi que des vocations.

2. Marie de Vergès, « Israël s'impose en matière de cybersécurité », *Le Monde*, 25 juin 2015 (http://www.lemonde.fr/economie/article/2015/06/25/israel-s-impose-en-matiere-de-cybersecurite_4661690_3234.html).

Enfin, le gouvernement israélien s'est donné un rôle qui va au-delà de celui de simple acheteur de solutions. Il a encouragé l'ensemble des entreprises qui se lançaient dans ce secteur, il les a développées grâce à l'aide de son ministère de la Défense et a fait de sa cybersécurité et de celles de ses entreprises innovantes une priorité nationale.

La logique est totalement la même, la taille du pays en plus, aux États-Unis. L'État fédéral ayant fait de la cybersécurité sa première priorité d'investissement. De fait, au premier trimestre 2015, le montant des investissements des fonds de capital-risque dans les entreprises de cybersécurité a crû de 122 % et s'élevait fin mars à 1,2 milliard de dollars.

Clairement, là encore, la mobilisation des pouvoirs publics et la collaboration entre les parties prenantes sont en passe de créer un cercle économique vertueux. Les pouvoirs publics ne sont pas seulement là pour poser des contraintes, ils sont aussi là pour favoriser le développement d'une activité économique à l'avenir radieux. C'est certainement l'un des véritables enjeux de demain.

Deux autres sujets méritent l'union des pouvoirs publics et des entreprises. Faire évoluer la culture de défense car, inconsciemment, nous sommes souvent influencés par une culture de défense dite à la Vauban basée sur des murs d'enceinte dont la traduction dans la cybersécurité n'est plus adaptée aux enjeux actuels.

Enfin, les jeunes générations ont une vision de la chaîne de valeur de l'information qui les amène à la partager spontanément là où parfois elle doit être protégée.

Conclusion

> « On ne devient pas champion dans un gymnase. On devient champion grâce à ce que l'on ressent ; un désir, un rêve, une vision. On doit avoir du talent et de la technique, mais le talent doit être plus fort que la technique. »
>
> Mohamed Ali,
> champion du monde de boxe.

La vision, au sens littéral, c'est la perception humaine des rayonnements lumineux, c'est-à-dire l'interprétation cognitive du sens de la vue. La vision, au sens politique, c'est la capacité à se projeter dans le futur, à prendre des décisions au présent pour justement atteindre l'idéal entrevu. « Il faut connaître le réel pour aller vers l'idéal », disait souvent Jean Jaurès.

Au terme de cet ouvrage, le réel est connu. Clairement, dans ce monde horizontal, globalisé et de plus en plus complexe, les géants d'hier ont parfois des pieds d'argile. Ils marchent dans des sables mouvants et peuvent à tout moment être dépassés par un concurrent venu de la nouvelle économie ou d'ailleurs, faisant ainsi tanguer les certitudes des acteurs installés. Ces nouveaux venus sont agiles et, surtout, ils savent à quel point l'investissement dans la technologie et le digital est bénéfique pour leur business. Ils le savent car ils sont nés avec lui. Les « anciens », eux, désormais connaissent le réel. Ils ont compris qu'il leur faut investir dans la technologie et le digital. Cela pour rétablir leurs avantages concurrentiels et se placer sur le même terrain que ceux qui viennent aujourd'hui les mettre en ballottage sur leurs propres marchés.

Ils savent également que cette marche vers le digital va créer de nouveaux risques, va engendrer de nouvelles interrogations. Paradoxal ? Peut-être. De quoi s'effrayer ? Certainement pas. Au contraire.

Ils savent que cet apparent paradoxe est la condition *sine qua non* de leur survie dans l'avenir.

Désormais, est également connue une autre part de la réalité. Trop souvent, les entreprises se sont laissé entraîner sur la pente glissante de l'hypertechnologie. Du *firewall* superpuissant à l'antivirus révolutionnaire, elles ont oublié de comprendre ce qu'implique réellement le mot « cybersécurité ».

Or ce mot recouvre bien plus qu'un simple arsenal technologique, aussi puissant soit-il. Il doit englober la dimension humaine. Car, sans cette capacité à faire de l'humain la clé d'une stratégie réussie de cybersécurité, on est certain de passer à côté du but recherché : à savoir la protection raisonnée et comprise des données et des actifs sensibles de l'entreprise.

Plus largement, le réel impose aujourd'hui de passer de la mauvaise tactique à la bonne stratégie. Or, pour mettre en place une bonne stratégie, le facteur humain est crucial. Avec l'implication du comité exécutif, la formation continue des équipes et la mise en place d'une fonction de Chief Information Security Officer conçue comme un rôle de guide pour impliquer l'ensemble de la société.

Enfin, le réel implique de développer une appétence au risque. Dans le monde complexe et interconnecté qui se met en place, le risque d'attaque informatique, de pillage de données, de piratage d'un système n'a jamais été aussi élevé. Doit-on s'arrêter d'entreprendre et d'innover ? Certainement pas, au contraire : apprenons à mieux maîtriser les risques et expérimentons-les. Prenons-en bien conscience, connaissons-les, ainsi nous pourrons en avoir une vision globale qui permettra de mettre en place une stratégie.

« Connaître ce n'est pas démontrer, ni expliquer. C'est accéder à la vision », écrivait Antoine de Saint-Exupéry dans son célèbre conte philosophique, *Le Petit Prince*.

Aussi, avoir une vision globale du problème est la clé. Le moyen de répondre à la question de la cybersécurité. Sans cette connaissance, point de réponses appropriées, point d'investissements matures et rentables.

Tableau complexe qu'il faut toutefois rendre positif. Oui, investir dans la cybersécurité, dans son facteur humain et dans la formation continue aux nouveaux risques, est l'une des voies qui permettront aux entreprises et plus largement à la France, de s'inscrire dans une croissance durable.

Dans son discours sur l'état de l'Union en janvier 2015, comme très souvent depuis sa première élection en novembre 2008, Barack Obama, 44e président des États-Unis d'Amérique, a d'ailleurs insisté sur ce point. Il est même allé encore plus loin. En effet, selon lui, « au XXIe siècle, la prospérité de l'Amérique dépendra de la cybersécurité ». C'est la vision du président américain. C'est vers cette vision qu'il entend conduire les États-Unis. Conscient du sujet crucial pour l'avenir de son pays, Obama a pris les choses en main.

En février 2015, il a même signé un décret incitant les sociétés privées à partager davantage leurs informations sur les menaces de cyberattaques.

Obama espère mettre ensuite en place une législation qui offrira la garantie d'une protection juridique aux sociétés qui fournissent de telles informations.

Mais après le scandale sur les programmes américains de surveillance nommés Prism et révélés en 2013 par Edward Snowden, l'ancien consultant de la NSA (National Security Agency), la méfiance règne. Et cette initiative vise donc aussi à rétablir la confiance entre l'administration Obama et les Américains.

Au-delà de la volonté de restaurer la confiance suite au scandale Prism, l'implication du président démontre le potentiel économique énorme de la cybersécurité. Ainsi, d'un risque on fait une opportunité économique.

Et la France dans tout ça ? Si les différents ministres de l'Intérieur ont insisté depuis plusieurs années sur la réalité de la menace, les ministres successifs de l'Économie ainsi que les présidents de la République et les Premiers ministres ont été plus en retrait sur cette question. Dommage. Dommage tant la France a des atouts considérables pour devenir l'un des leaders de la cybersécurité, de ses technologies, de ses stratégies, de ses organisations et de ses marchés.

Cette idée n'est pas seulement une conviction forte. Elle s'appuie aussi sur des éléments objectifs qui permettent de l'afficher comme un étendard. D'abord, la France est une terre d'ingénieurs. La France détient des cursus d'excellence qui peuvent s'orienter, en plus de leurs qualités existantes, sur la question de la cybersécurité.

De même, la France possède certainement la meilleure formation mathématique au monde. Et notre culture militaire et de la défense est également de très haut niveau. Autant d'éléments qui permettent d'enclencher une dynamique qui peut porter le pays sur le podium des pays innovants en matière de cybersécurité.

Tous ces atouts sont trop souvent négligés, et pourtant, ce sont des clés pour trouver demain de nouvelles solutions de cybersécurité. En effet, nous sommes à un tournant au moment précis où les cartes sont en train d'être rebattues. Nous avons compris que la technologie seule ne pouvait rien.

Que la technologie telle que nous la pratiquions jusqu'ici n'était plus adaptée à cette menace diffuse, invisible et incolore. C'est donc le moment d'inventer les systèmes technologiques de demain et d'y adjoindre les organisations humaines subséquentes.

Si la cybersécurité est d'ores et déjà une cause nationale en termes de défense, elle doit désormais le devenir au sens économique du terme car elle est une source de croissance importante de notre économie. Non seulement la cybersécurité est un gisement d'emplois, mais elle est aussi un gisement d'innovations.

Dans les années 1930, Franklin D. Roosevelt, aux États-Unis, a su impulser des politiques de grands travaux qui font encore partie de l'Amérique actuelle. *Idem* pour Charles de Gaulle, Georges Pompidou ou François Mitterrand en France qui ont su se saisir d'un secteur économique ou d'une idée pour en faire des atouts pour la France. C'est aujourd'hui le moment pour nos politiques, quelle que soit la couleur de leur parti, de se saisir de la cybersécurité. Elle sera l'une des clés de notre avenir commun. À une époque, cela s'appelait une politique de grands travaux. Le commissariat au Plan, qui malgré son dirigisme avait l'avantage de se projeter à plus de six mois, donnait des grands axes et facilitait les choses pour les entreprises. Nous n'en sommes plus là. Mais les politiques ont une chance historique face à eux, ils peuvent la saisir et faire de cet enjeu l'une des conditions de la prospérité de la France au XXIe siècle. La politique de grands travaux serait désormais virtuelle ou du moins numérique, mais les résultats, eux, seront tangibles.

Le marché de la cybersécurité est un marché porteur qui favorise tant la croissance que l'innovation.

Faire de la cybersécurité, c'est gérer le long terme et non le court terme immédiat, la fable de la cigale et la fourmi s'appliquant à merveille à cette discipline. Évidemment, le long terme intéresse peut-être moins nos politiques dans un monde de plus en plus complexe et au rythme toujours plus effréné. Cependant, s'arrêter sur la cybersécurité peut être porteur de très grands résultats. Chaque année, aux assises internationales de la cybersécurité de Monaco, les entreprises françaises brillent. Cette année encore, six pépites hexagonales étaient présentes. L'une d'entre elles qui a remporté le prix de l'Innovation a développé des solutions pour protéger les sites industriels critiques. À Monaco, elle a été montrée en exemple. Une autre séduit de nombreux ministères de la Défense partout dans le monde grâce à son logiciel qui permet de traquer les vulnérabilités d'un système. Elle devrait bientôt se développer vers un marché civil, pour les entreprises. Une dernière enfin a fait pâlir d'envie les Américains, les Chinois et les Israéliens avec sa capacité à traquer les failles de sécurité dans les systèmes cryptés. Ces quelques exemples pour dire à quel point notre pays doit accentuer encore son investissement dans cette discipline. Les pouvoirs publics doivent eux aussi accentuer les moyens donnés à ces innovateurs pour que la France prenne le leadership. Possible, car nous n'avons rien à envier aux autres en termes de technique et d'ingéniosité.

Il nous faut maintenant une volonté. Si ce livre a pu, à son modeste niveau, contribuer à faire bouger les lignes, il aura déjà grandement rempli son rôle.

« La crise, c'est quand le vieux monde ne parvient pas à mourir et que le neuf peine à naître », écrivait le philosophe italien Antonio Gramsci. Nous y sommes : aidons ce nouveau monde à naître vraiment. Et surtout, aidons-le à grandir.

Remerciements

Prônant dans ce livre, la gouvernance circulaire et le travail d'équipe, je ne peux que remercier avec la plus grande sincérité l'ensemble des équipes de PWC au contact desquelles j'apprends un peu plus chaque jour. Que Valérie, Caroline, Mélanie, Anne-Christine, Arnaud, Fabrice, Vincent, Patrice, Gabriel, Jamal, Kresnik, Nuvin, Philippe, Sébastien, Yassin, Brahim, Éric, Guillaume, Ionathan, Luc, Maria, Matthieu, Max, Maxence, Mohamed, Safaa et Stefan en soient donc les récipiendaires. Sans leur apport et leur implication quotidienne, la richesse de ce propos n'aurait pas été la même.

De même, mes remerciements vont également à la direction de l'entreprise qui par son écoute et la liberté qu'elle m'a laissé pour l'écriture de cet ouvrage démontre à quel point elle a compris l'enjeu majeur que constitue la cybersécurité.

Chaque rencontre avec les différents clients de l'entreprise sur ces questions comme sur d'autres, m'ont chaque fois un peu plus enrichi et m'ont permis d'affiner mon analyse. Qu'ils en soient ici remerciés.

Un remerciement particulier à Philippe et Xavier pour leur relecture précieuse et attentive.

Enfin, merci à David Medioni, journaliste, qui m'a aidé avec bienveillance et professionnalisme, à mettre ma pensée en musique.

Table

DEUXIÈME PARTIE

Des attaquants, des risques et des vulnérabilités

TROISIÈME PARTIE

Réussir sa cybersécurité : se réapproprier son capital humain et modifier son organisation

Cet ouvrage a été imprimé en France
par CPI
en janvier 2016

N° d'impression : 133361
N° d'édition : 7381-3368-X
Dépôt légal : février 2016